RAFAEL CORAZÓN GONZÁLEZ

EL NUEVO GNOSTICISMO: LA IDEOLOGÍA DE GÉNERO

EDICIONES UNIVERSIDAD DE NAVARRA, S.A.
PAMPLONA

Serie: Filosofía

Cupón para la Biblioteca Virtual

Accede a la versión eBook de este título por solo **1,99 €**. Con la compra de este libro puedes utilizar el siguiente cupón para la lectura en *streaming** desde la Biblioteca Virtual. **Sigue estas instrucciones** para visualizar tu libro:

1. Dirígete a la web de la Biblioteca Virtual en **https://ebooks.eunsa.es**.

2. En la web ve a **Iniciar sesión** e introduce tu email y contraseña. Si no estás registrado, deberás completar el proceso en **Registrarse**.

3. Tras registrarte, accede a la página del libro o lee el QR de esta página. Bajo el precio podrás **insertar el código oculto en el siguiente cupón para activar la promoción**.

Despegue para visualizar

Acceso directo al eBook

Canjéalo en ebooks.eunsa.es

*Con acceso a internet desde cualquier navegador.

© 2024. Fundación STUDIUM
Ediciones Universidad de Navarra, S.A. (EUNSA)
Campus Universitario • Universidad de Navarra • 31009 Pamplona • España
+34 948 25 68 50 • www.eunsa.es • eunsa@eunsa.es

ISBN 978-84-313-3907-4
DL NA 11-2024

Imprime: Podiprint

Printed in Spain – Impreso en España

Índice

Prólogo

Aristóteles comienza su Metafísica diciendo que "todos los hombres desean por naturaleza saber". Quizás no sea exactamente así, pues el deseo siempre es posterior al conocimiento, o sea, que no es posible "adelantarse" a él ni siquiera por una inclinación natural, ya que los deseos requieren un objeto, algo previamente conocido, hacia lo que tender.

Partiendo de este principio, desarrolla a continuación una breve historia de la ciencia: cuáles nacieron primero y por qué, y acaba afirmando que, aunque sea la última, la metafísica es la "ciencia que se busca", y la razón es porque es la única ciencia "libre", que se busca por sí misma, no por su utilidad. Lo útil, efectivamente, siempre lo es para algo y, por tanto, es "medio", no fin.

La mentalidad moderna, especialmente desde la Ilustración, no puede comprender lo que los clásicos admitieron como evidente: que el hombre necesita saber de sí y del mundo y sólo después, dar sentido a todas las actividades que es capaz de realizar y orientar las ciencias que puede desarrollar. Las llamadas "ciencias particulares" no "sirven" al hombre salvo que estén subordinadas a la antropología y a la metafísica. Pero ahora la "sabiduría" de los clásicos pierde su sentido porque, ¿de qué "sirve" si mientras la persigo no disfruto de la vida, no soy feliz?

"La tierra es demasiado hermosa para que la Providencia la haya destinado a ser una morada de dolor. Negarse a gozar de los beneficios que el autor de las cosas ha preparado para vosotros, es dar pruebas de ignorancia y de perversidad. Nada común con la felicidad de los místicos, que tendían nada menos que a fundirse en Dios; con la felicidad de un Fénelon, que sentía su alma más segura y más sencilla que la de un niño pequeño, cuando en pensamiento se unía al Padre; con la felicidad de un Bossuet, dulzura de sentirse dirigido por el dogma y conducido por la Iglesia, certeza de contarse un día entre los elegidos que figuran a la diestra del Santo de los Santos; con la felicidad de los justos que aceptaban la obediencia y la ley y esperaban la recompensa que ya no acabaría; con la felicidad de los simples abismados en su oración; con las beatitudes...

"De las beatitudes, gusto anticipado del cielo, ya no se ocupaban los que sustituían a los antiguos maestros; una felicidad terrena es lo que querían.

"Su felicidad era cierto modo de contentarse con lo posible, sin pretender lo absoluto; una felicidad hecha de mediocridad, de justo medio, que excluía la ganancia total, por miedo a una pérdida total; el acto de hombres que tomaban posesión apaciblemente de los beneficios que descubrían en lo que cada día trae. Era además una felicidad de cálculo. Tanto para el mal, de acuerdo; pero tanto para el bien: y el bien es más. Incluso procedían a una operación matemática. Haced la suma de las ventajas de la vida, la suma de los males inevitables; restad la segunda de la primera, y veréis que conserváis un beneficio. De un lado, el total de los puntos favorables, multiplicados por la intensidad; del otro, el total de los puntos desfavorables, multiplicados por la intensidad; si al final de vuestra jornada encontráis que habéis tenido treinta y cuatro grados de placer y veinticuatro de dolor, vuestra cuenta es próspera y debéis daros por satisfechos.

"Era una felicidad construida. Felicidad seca... Se hacía entrar al placer, rehabilitado: ¿por qué ese largo contrasentido a cuenta suya? ¿Por qué haberlo arrojado? ¿No estaba en nuestra naturaleza? Placer, encanto de la vida... Sólo los fanáticos podían poner su gozo en las privaciones, en los sufrimientos corporales, en el ascetismo: la alegría hace de nosotros dioses, y la austeridad, diablos"[1].

Con la Ilustración comienza el proceso de secularización que aún continúa y no parece que vaya a acabar nunca, porque no logra la meta que se propone. Después del nominalismo del siglo XIV, de la Reforma protestante, que reduce el hombre a un ser corrupto irredento e irredimible, luego de muchos años de guerras de religión en las que los fines temporales eran más importantes de que los espirituales, la cultura europea decide que el hombre no puede confiar más que en sí mismo, que, por tanto, ha de ser él quien decida sobre el sentido de su vida, su ética o modo de vivir para ser feliz, la organización de la vida pública, de la política... Él y sólo él puede poner remedio a un mundo infeliz, oscuro, lleno de sombras y de dolor.

Y para eso hay que romper con lo anterior, con la tradición, la religión, las "autoridades", los lugares comunes, las ideas filosóficas, políticas, jurídicas, educativas, éticas, etc. El hombre se va a hacer cargo de su vida y del curso de la historia que, a partir de ahora, será la historia del progreso indefinido, guiado por la sola razón. Baste sólo pensar en cómo juzgaba Voltaire la religión y el pasado histórico: "la Biblia no tenía grandeza ni belleza; el Evangelio sólo había traído desgracia a la tierra; la Iglesia, entera y sin excepción, era corrupción o locura; los más puros, los más nobles eran arrastrados por el lodo; el mismo San Francisco de Asís era despojado de su dulce aureola y se convertía en un pobre

---

1. HAZARD, P., *El pensamiento europeo en el siglo XVIII*, Alianza editorial, Madrid, 1991, 27-29.

loco. Simplificación caricaturesca; voluntad de no entrar nunca en las razones del adversario, que había que callar o desfigurar; incansable repetición: tales eran algunos de sus procedimientos. Cuando se lee uno u otro de los sermones, catecismos, discursos, diálogos, cuentos que lanzaba a manos llenas por el mundo, se admira una forma que parece cada vez más fácil, un pintoresquismo cada vez más picante, un estilo cada vez más próximo a la naturalidad; cuando se leen diez o veinte, se percibe el mecanismo del propagandista. Es el iniciador de esa manera baja, indigna de él, que consiste, en decir que no hay que creer, porque en los Libros Sagrados se refiere que el demonio trasladó a Cristo a lo alto de una montaña desde donde le hizo ver todos los reinos de la tierra, siendo así que es imposible ver todos los reinos de la tierra desde lo alto de una montaña; o también porque la Iglesia pide a los fieles hacer vigilia el viernes. Si era menester, llegaba hasta lo innoble, de lo cual, sería fácil poner ejemplos, si no fuera porque manchan"[2].

¿Qué pretendía entonces la Ilustración? Que el hombre se hiciera cargo de sí mismo, que se olvidara del pasado y que "construyera" un mundo nuevo, un mundo feliz, verdadera y exclusivamente humano. ¿Qué criterio se seguiría para lograrlo? El criterio no podía tomarse del pasado, porque el pasado debía ser borrado; por tanto, había que inventarlo.

Casi todos los pueblos primitivos tenían mitos; la mitología era una forma de saber acerca del mundo, el hombre, el sentido de la vida, la muerte, el matrimonio, las normas morales, etc. En los mitos esos pueblos encontraban la respuesta a los principales interrogantes de la vida. Aunque en su forma eran narraciones fantásticas en las que dioses y hombres convivían, en el fondo contenían la sabiduría necesaria para conducir la propia vida. Pero lo propio

---

2. HAZARD, P., *El pensamiento europeo en el siglo XVIII*, 361.

del mito es que esta explicación de lo que ocurre se encuentra en el pasado, en un tiempo primordial en el que sucedieron cosas que determinan el presente y el futuro; la libertad, por tanto, no tenía cabida porque el origen determinaba el futuro.

Los mitos explican el origen del mal y sus consecuencias, pero no admiten la salvación. Pandora, Sísifo, el carro alado del que habla Platón, el anillo de Giges, etc., no admiten "redención". El destino lo controla todo, y por más que Edipo ponga todos los medios a su alcance para liberarse de su "destino", éste se cumple necesariamente.

En el pensamiento moderno el mito no tiene cabida o, mejor, lo tiene sólo para explicar un comienzo del que es preciso desligarse, con el que hay que romper. El nuevo mito sustituye a la creación divina, al pecado original y sus consecuencias, a la necesidad de un Salvador. Pero también se usa para fabricar una nueva ética, desligada por completo del Creador y de la naturaleza, obra suya. El mito, si es que lo hubo, del buen salvaje o del estado de naturaleza como opuesto al estado civil, es el punto de partida de una ruptura con el pasado, porque el buen salvaje, propiamente, era un salvaje, no un hombre. El hombre "nacerá" cuando se abandone ese estado primitivo, cuando la vida no venga determinada por nada anterior, sino que sea, exclusivamente, obra del hombre.

Por todo esto, la filosofía moderna se presentará como "gnosis", como un conocimiento de salvación, frente a los mitos clásicos y, sobre todo, frente al cristianismo. En el cristianismo el "protagonista" es Dios: Creador, elevador al orden sobrenatural, redentor y destino último al que debe dirigir su vida cada ser humano. Y como Dios es trascendente, la vida y la historia tienen el carácter de una "historia de salvación", con un fin escatológico, más allá de este mundo, que no por eso pierde importancia; al contrario: la vida terrena es el tiempo y el lugar en el que cada hombre se lo juega todo bajo la Providencia divina, entendida como cuidado amoroso con el que Dios conserva y gobierna todas las cosas y especialmente a los hombres.

¿Qué es la gnosis y por qué puede decirse que la modernidad es gnóstica desde su origen? "La palabra griega gnosis significa conocimiento o ciencia. Durante el periodo helenístico adquiere un significado propio y habitualmente religioso, y, tras las herejías gnósticas, se aplica casi exclusivamente en sentido heterodoxo. Tres puntos polarizan la gnosis tomada en sentido religioso: conocimiento, revelación y salvación, susceptibles de múltiples interpretaciones, tanto en sí mismos, como en su interdependencia. La cuestión es eterna, pero el abigarrado mundo sincretista de los primeros siglos en los que se inició la historia de la Iglesia resultó un especial caldo de cultivo para transposiciones y subproductos de la gnosis ortodoxa"[3]. La gnosis, como es fácil comprender, trata de sustituir la doctrina cristiana por un nuevo conocimiento o doctrina que no sólo lo explica todo, sino que llevará a la salvación; este conocimiento no se funda en una revelación divina, sino en la razón. La razón, por así decir, ha sido capaz de desentrañar el sentido de todas las cosas y, por tanto, es suficiente para que el hombre viva una vida verdaderamente humana.

Pero el problema central que se presenta a toda gnosis es la existencia del mal y cómo combatirlo. En el mundo, y especialmente en el hombre, existe el mal. ¿De dónde procede, cuál es su causa y cómo librarse de él? En el fondo, "los diversos gnósticos" representan un esfuerzo del pensamiento filosófico por absorber el cristianismo y transformarlo en una simple filosofía religiosa, o del pensamiento religioso por encontrar un sentido más profundo, que no se compone con la sencillez del Evangelio, y transformarlo

3. MATEO SECO, F.L. voz *Gnosticismo*, en Gran enciclopedia Rialp, 1991, Madrid. En http://www. https://www.mercaba.org/GET/enciclopedia_gnosis_gnosticismo.htm

en una mistagogia de iniciaciones y ensueños"[4]. Para el gnosticismo el pecado no consiste en ofender a Dios sino que el mal tiene
su origen en un dios malo, opuesto al Dios bueno; por eso, "si
el pecado es un error inevitable y la salvación el despertar de ese
error, sobra el sacrificio del Redentor, la Redención y el sacerdo-
cio. Finalmente, dada su concepción de la materia como mala,
pervierten la escatología, negando la resurrección de los cuerpos,
y afirmando que el mundo será aniquilado. La gnosis... tiene un
indudable matiz iluminista, pero ha perdido su carácter de con-
versión moral, requerida incluso para los filósofos no cristianos...,
y se encuentra expuesta a todos los avatares de la imaginación im-
pulsada por el deseo de autojustificación"[5].

   ¿Qué tiene esto que ver con el pensamiento moderno y, en
concreto, con la Ilustración? La Ilustración aborrece de lo irracional, de las "historias" para explicar el presente, de toda Revelación
sobrenatural; la sola razón se basta para explicar todo lo que ocurre y para trazar las líneas maestras de la historia en el futuro para
llegar a la plenitud. Si el hombre es un ser racional y libre, ¿qué
necesidad tiene de intervenciones divinas extrínsecas que más bien
impedirían el uso de la razón y de la libertad? Por tanto, la Revelación, los milagros y la Providencia divina estaban de sobra.

   La razón y la libertad, ¿son suficientes para que el hombre
pueda ser dueño de su vida? No. El problema de la existencia del
mal lo hace imposible; mientras no se encuentre una solución, la
vida del hombre estará amenazada y, con ella, su libertad. ¿Cómo
encontrarla?

   El gnosticismo es anterior al cristianismo, como lo es la existencia del mal en el mundo; pero el cristianismo ofrece una ex-

---

   4. Ibidem, citando a Tixeront, *Histoire des dogmes dans l'antiquité chré-
tienne*, I, París, 1914, 193.
   5. Ibidem.

plicación y un remedio: el pecado y la justificación obrada por Cristo. Pero si no se acepta la existencia del pecado original y su transmisión por generación, también el cristiano se enfrenta a una dificultad muy grave. Caben, en principio, dos "soluciones": una, admitir dos principios –dos dioses–, uno bueno y otro malo; la vida sería el campo de batalla entre ambos. La otra, el emanantismo: a partir de un primer principio, lo emanado se va degradando a medida que se desciende en la escala de los seres. Ejemplos clásicos son los maniqueos y los neoplatónicos. Pero antes, en las Epístolas de los Apóstoles, aparecen referencias a doctrinas gnósticas. San Pablo, en concreto, le escribió a Timoteo: "el Espíritu dice abiertamente que en los últimos tiempos algunos apostatarán de la fe, dando oídos a espíritus seductores, y a doctrinas diabólicas, debido a la hipocresía de algunos impostores, que tienen marcada a fuego su propia conciencia; éstos prohíben el matrimonio y el uso de los alimentos que Dios creó para que sean tomados con acción de gracias por los fieles y por quienes han conocido la verdad" (1 *Timoteo*, 4, 1-3). Y san Juan, en su primera epístola, advierte hasta tres veces de que hay quienes niegan la Encarnación del hijo de Dios, y a esos les llama "el anticristo" ("¿quién es mentiroso sino el que niega que Jesús es el Cristo?"; "todo espíritu que confiesa que Jesucristo vino en carne, es de Dios; pero el espíritu que no confiese a Jesús, no es de Dios; ése es el anticristo"; "cualquiera que confiese: 'Jesús es el Hijo de Dios', Dios permanece en él, y él en Dios" 1 *Ioann.* 2, 22; 4, 2; 4, 15).

Jesús es el Redentor; negar su humanidad es, por eso, negar la redención. La redención, por tanto, nos ha sido otorgada gratuitamente por Dios, no es obra nuestra. El mal existe, pero el hombre está salvado. Jesucristo –Dios hecho hombre– no asumió otra naturaleza, ni una humanidad aparente; por eso la naturaleza humana ha sido elevada a un orden que, por naturaleza, le supera; no requiere, por consiguiente, ser "corregida", no tiene que evolucionar, etc. La irrupción de la divinidad en el hombre elevado no puede ser "superada" por la técnica, la acción del hombre o de cualquier otro modo. Jesucristo es "perfecto Dios y perfecto hombre", de ahí que muestre el hombre al propio hombre, como le gustaba decir a san Juan Pablo II citando al concilio Vaticano II. Pero esto es lo que niega el gnosticismo moderno. El hombre, sin Dios, debe salvarse a sí mismo, rehacerse, "encontrarse", ser sí mismo, etc. Y, como existe el mal, para lograrlo debe "reinventarse".

La respuesta de la teología cristiana contra la gnosis se encuentra resumida y expresada con toda claridad y fuerza en santo Tomás de Aquino, y es la siguiente: "si Dios existe, ¿de dónde el mal? Sin embargo, habría que decir lo contrario: si el mal existe, Dios existe". La razón es que "el mal no se daría si desapareciera el orden del bien, cuya privación es el mal; y tal orden —del bien— no se daría si Dios no existiera"[6]. Más aún, "sin el conocimiento de Dios, no tendríamos siquiera la noción de mal"[7].

La Ilustración se propuso explicar todo racionalmente; pero resulta que el dolor, por ejemplo, no admite explicación racional: es lo irracional, lo que no debería darse, lo que no puede admitir la razón sin fracasar por completo. Por eso, sus doctrinas, sus explicaciones sobre el origen del hombre, del mal, del dolor; sobre el sentido de la vida y la salvación, parecen a veces cuentos de hadas. Y, además, no explican nada: hay que creerlas con una fe más increíble que las muchas razones de credibilidad que ofrece la fe cristiana.

Un par de citas ayudarán a concluir acerca de lo dicho: "hay indicios a lo largo del pensamiento moderno que tienden a hacer

---

6. SANTO TOMÁS DE AQUINO, C. G., III, 71.

7. CARDONA, C., *Metafísica del bien y del mal*, Eunsa, Pamplona, 1987, 156.

de la filosofía un 'saber de salvación'... La explicación de esto se halla en la 'divinización' a la que me he referido más atrás, que, lejos de rechazar muchas de las consecuencias de un planteamiento abierto a lo trascendente, pretende asumirlas, pero despojadas de su estricta índole trascendente. Una de esas consecuencias es la idea de *salvación*, que compromete al entero ser humano, y que es ahora reservada al saber más elevado, que es el conocimiento filosófico... Estaríamos, pues, ante una reedición del gnosticismo"[8]. Y por último, esta vez por referencia a Kant, cuando éste se refiere a la posibilidad de que Dios se hiciera hombre y nos salvara: "no nos llevemos a engaño. Encarnación y redención no son sino figuras de algo ideal. La fe en el Hijo de Dios no consiste sino en poder creer que podemos realizar en nosotros el ideal de perfección que él encarna"[9].

La nueva doctrina gnóstica se concentra en el llamado Nuevo Orden Mundial que, bajo la bandera de la globalización (quien no esté de acuerdo con este "ideal" es un populista), pretende crear una nueva humanidad (si se puede hablar así): todo el planeta sería un solo Estado, todos serían iguales, nadie tendría nada como propio pero −se dice− a nadie le faltaría nada. Para ello hace falta "unificar" las mentes y las libertades: una sola religión, el ateísmo; un solo sistema político en el que no habría ciudadanos (sería volver al populismo), y en el que la ideología única sería la ideología de género, sólo posible si se admite también el feminismo radical, el control de la natalidad, la eliminación de la libertad de las conciencias, de la objeción de conciencia, etc.

8. SANZ SANTACRUZ, V., *Historia de la filosofía moderna*, Eunsa, Pamplona, 1991, 29, nt. 7.
9. COLOMER, E., *El pensamiento alemán de Kant a Heidegger*, I, Herder, Barcelona, 1993, 279.

Para imponerlo –no puede usar otros medios porque es irracional– se vale de la ingeniería social, la ingeniería genética, la imposición, mediante las leyes, de un pensamiento único –su ideología–, la consideración del aborto y la eutanasia como derechos humanos, así como el cambio de sexo, etc. Los derechos humanos recogidos en la Declaración de las Naciones Unidas de 1948 deben ser abolidos y sustituidos por otros, a los que, de momento, llaman "derechos de segunda y tercera generación". Los "antiguos" derechos humanos quizás podían valer en la postguerra mundial, pero hoy no tienen razón de ser, porque el Nuevo Orden creará un nuevo ser que sustituirá al "hombre viejo".

El resultado debe ser un hombre nuevo que, propiamente, ya no sería hombre: manipulado por la llamada inteligencia artificial aplicada a la mente humana, todos los hombres nuevos serán felices, no sentirán más necesidades que las que se les asigne, tampoco podrán elegir libremente su modo de vida, su estado civil (el matrimonio y la familia deben ser abolidos porque "limitan" la libertad –la autonomía– de sus miembros); la educación se desprenderá del estudio de la historia –que no es más que prehistoria, tiempos oscuros–, y tendrán como finalidad formar nuevos "ciudadanos" convencidos de que sólo deben vivir para el bien de la nueva sociedad –el Nuevo Orden–. La ciencia ficción sustituye a la realidad: en lugar del hombre, un ciber, un humanoide, una máquina, que se supone que, aunque no sea libre, será feliz.

En realidad, esta nueva doctrina no es nueva: no es sino la "puesta al día de las doctrinas gnósticas" que aparecieron en los primeros siglos del cristianismo, con la finalidad de poner al hombre como protagonista único de su vida y de la vida social, para lo cual se requería –como ahora– desterrar todo lo que proviene de Dios, porque sólo cuando el hombre sea obra del hombre, será verdaderamente libre. Para comprobarlo basta recordar que "los testimonios de San Agustín y de San Bernardo [sobre el maniqueísmo] nos revelan una mentalidad enfrentada a la naturaleza creada por Dios y a la Ley natural grabada en el corazón del hombre. La "libertad del espíritu" se ejerce en el enfrentamiento y hostilidad al orden puesto por Dios en el universo. Que tal es la intención profunda de lo que llamamos "maniqueísmo" se hace comprensible si atendemos tal como fue históricamente en la secta fundada por Manes: se trata de una de tantas gnosis o "herejías" que los Santos Padres frecuentemente distinguían del llamado "error judío".

"Éste consistía en reafirmar de tal manera la vigencia de los Libros del Antiguo Testamento que se desconocía la novedad del Evangelio: el carácter propio de la gracia redentora. Mientras los judaizantes, que se llamaban a sí mismos "ebionitas", consideraban al Mesías como un mero hombre y reducían a un horizonte terreno el Reino Mesiánico, los herejes gnósticos rechazaban la venida de Cristo en carne (cfr. Iª Iohannes 4, 2-3). Rechazaban el Antiguo Testamento, los Libros de Moisés y todas narraciones referentes al Dios Creador y Legislador, del que blasfemaban como tiránico y opresor. Entre las gnosis, las hubo que daban culto a quienes, en el Antiguo Testamento, se habían opuesto al Dios de Israel, Creador y Legislador: había entre ellos adoradores de la serpiente del Paraíso ("ofitas"), adoradores del fratricida Caín y también de los sodomitas (que por su pecado contra naturaleza habían sido maldecidos y castigados por el Dios de Israel).

"Marción, en quien culmina este enfrentamiento antitético –su principal obra lleva el título de *Antítesis*– caracterizaba el Dios del Antiguo Testamento como omnipotente, tiránico y belicoso, mientras que el Dios que había enviado a Jesucristo no tiene otra obra sino el liberar al hombre, con Su bondad, frente al Dios de Israel.

"Por el *Adversus Haereses* de San Ireneo, el *Adversus Marcionem* de Tertuliano, y por todo lo que podemos conocer de los escritos de los gnósticos, descubrimos en ellos una mentalidad común, dualística y antitética, que muestra el parentesco de las gnosis, que toman forma de "herejía cristiana", respecto de un tipo de concepciones filosóficas con milenios de existencia que van tomando expresiones distintas según la situación cultural y las concepciones religiosas entre las que se manifiestan"[10].

En definitiva, nada nuevo, pero mucho más violento e intransigente.

10. CANALS VIDAL, F., *Santo Tomás frente al dualismo maniqueo*, http://www.riial.org/stda/inicio.htm

1

La destrucción de la naturaleza

La edad moderna comienza intentando olvidar el pasado y comenzar de cero, no sólo en filosofía –como pretende Descartes–, sino también en la ciencia, la antropología, la moral, la política, las artes, etc. Comenzar sin "presupuestos", o sea, sin supuestos previos, fue un ideal que –de la teoría– fue pasando a la práctica. Por ejemplo, el nacimiento de los Estados Unidos de América fue celebrado como un acontecimiento único, puesto que se trataba de una nación sin pasado, sin reyes, sin nobleza, sin estamentos o clases sociales (aunque para ello hubiera que olvidar o silenciar la existencia de la esclavitud). Por eso, la Constitución de los Estados Unidos, redactada exclusivamente por la "razón ilustrada", fue el modelo que, en principio, quiso imitar la revolución francesa.

La revolución francesa presentaba características distintas al nacimiento de los Estados Unidos, puesto que Francia tenía un pasado milenario que era preciso borrar, más aún, erradicar por completo, lo cual, según sus protagonistas, sólo podía hacerse mediante la violencia que, por este motivo, quedaba justificada como un bien. No es extraño, por tanto, que incluso Kant –tan opuesto en principio a la violencia– la admirara y viera en ella un nuevo "nacimiento": el nacimiento de una nueva civilización o, quizás, de la verdadera civilización ilustrada. Todo lo anterior, por consiguiente, no había sido más que tinieblas y oscuridad. La luz de la razón –elevada a nueva divinidad– reemplazaba a las tinieblas, que durante toda la existencia del hombre sobre la tierra, había impedido que se lograran tanto la felicidad de cada hombre, como la paz y la concordia, en libertad, de la sociedad.

No es fácil comprender cómo Kant fue capaz de "pensarse" como un "espectador", es decir, como imparcial, ante lo que ocurrió en Francia durante la revolución; pero él mismo sintió la necesidad de "justificarse" y poder, así, dar una valoración de los hechos: "este acontecimiento no consiste en las relevantes acciones o en los alevosos crímenes ejecutados por los hombres, merced a lo cual se empequeñece lo que era grande entre los hombres o se engrandece lo que era pequeño... No, nada de eso. Se trata simplemente del modo de pensar de los espectadores que se delata *públicamente* ante esta representación de grandes revoluciones, al declarar una simpatía tan universal como desinteresada hacia los actores de un bando y en contra de los del otro, pese a lo fatal que pudiera reportarles esa parcialidad, pero que demuestra (a causa de la universalidad) un carácter del género humano en su conjunto y al mismo tiempo (a causa del desinterés) un carácter moral de la humanidad, cuando menos como disposición, que no sólo permite esperar el progreso hacia lo mejor, sino que ello mismo ya lo constituye, en tanto que la capacidad para tal progreso basta por el momento"[11].

La revolución francesa fue recibida en el resto de Europa con miedo y, al mismo tiempo, con "simpatía", a pesar de que sus protagonistas –los actores– acabaron matándose entre sí, de modo

---

11. KANT, I., *El conflicto de las Facultades*, Alianza Editorial, Madrid, 2003, 158. Ak. VII, 159-160.

que al "terror" siguió el "gran terror" y, finalmente, Napoleón puso "orden" haciéndose con el poder absoluto. Pero Kant piensa que no son propiamente los hechos lo que debe valorarse, sino el trasfondo, la intención, o mejor aún, aquello que ni los propios revolucionarios se propusieron pero llevaron a cabo: "esa revolución –a mi modo de ver– encuentra en el ánimo de todos los espectadores (que no están comprometidos ellos mismo en ese juego) una *simpatía* conforme al deseo que colinda con el entusiasmo y cuya propia exteriorización lleva aparejado un riesgo, la cual no puede tener otra causa que una disposición moral en el género humano"[12].

Kant condena los hechos, pero alaba la "disposición moral", no de los revolucionarios, sino del "género humano", que posee tal disposición que incluso cuando hace el mal se dirige hacia lo mejor. El "progreso indefinido", en la moralidad, está inscrito en el ser humano; de lo contrario se autodestruiría; por tanto, la historia sigue unas leyes "naturales" que podemos conocer en general, aunque resulte imposible detectarlas en actos o hechos concretos. Por tanto, "esto [la lucha por un orden jurídico justo] y la involucración *afectiva* en el bien, el *entusiasmo*, bien que no resulta enteramente plausible, al merecer cualquier afecto verse desaprobado en cuanto tal, sí da pie mediante esta historia a una importante observación para la antropología, a saber, que el auténtico entusiasmo se ciñe siempre tan sólo a lo *ideal* y en verdad a lo puramente moral, cual es el caso del concepto de derecho y no puede injertarse al interés personal"[13].

¿Por qué en la Ilustración se llegó a pensar que existe una "providencia" natural, distinta de la Providencia divina, que lleva siempre a la humanidad hacia lo mejor? Aquí entramos de lleno en los

---

12. Ibidem, 160.
13. Ibidem, 161. Ak. VII, 86.

ideales de la Ilustración y en los fines que se proponía, los cuales siguen estando presentes, de algún modo, hoy día.

Para comprender este giro radical en el pensamiento hay que tener en cuenta que "la fe, según ellos, era credulidad absurda para uso de los ignorantes y los imbéciles; consistía en creer, no lo que parece verdadero, sino lo que parece falso al entendimiento... En estas condiciones se abrió un proceso sin precedentes, el proceso de Dios. El Dios de los protestantes estaba encausado lo mismo que el Dios de los católicos, con algunas circunstancias atenuantes a favor del primero, porque se le consideraba más cerca de la razón, más favorable a las luces. Pero, en conjunto, no se quería distinguir entre Ginebra y Roma, entre San Agustín y Calvino. El origen era común, y común la creencia en la revelación"[14].

Kant definió la Ilustración como «*la salida del hombre de su culpable minoría de edad. Minoría de edad* es la imposibilidad de servirse de su entendimiento sin la guía de otro. Esta imposibilidad es *culpable* cuando su causa no reside en la falta de entendimiento, sino de decisión y valor para servirse del suyo sin la guía de otro. *Sapere aude!* ¡Ten valor de servirte de tu propio entendimiento! Tal es el lema de la Ilustración»[15]. Esto quiere decir que, para él, la humanidad no había tomado las riendas de su vida y de su historia: el hombre –cada hombre– había vivido al amparo de la tradición, de maestros, de religiones y creencias diversas y, en general, de otros tomados por "sabios" que habían impedido que cada uno condujera su vida según principios propios, de un modo autónomo. Kant lo dice explícitamente: «pereza y cobardía son las causas por las que tan gran parte de los hombres permanece

---

14. HAZARD, P., *El pensamiento europeo en el siglo XVIII*, Alianza Editorial, Madrid, 1998, 50-51.

15. KANT, I., *Respuesta a la pregunta: ¿Qué es Ilustración?*, en *En defensa de la Ilustración*, Alba Editorial, Barcelona, 1999, 63.

con agrado en minoría de edad a lo largo de la vida, pese a que la naturaleza los ha librado hace tiempo de guía ajena (*naturaliter maiorennes*), y por las que ha sido tan sencillo que otros se erijan en sus tutores»[16]. En general, y en particular, dejarse guiar de un modo acrítico, hace que el hombre no viva su propia vida, que sea manejado o manipulado: «es muy cómodo ser menor de edad. Tengo un libro, que suple mi entendimiento; a quien cuida del alma, que suple mi conciencia; a un médico, que me prescribe la dieta, etc., de modo que no tengo que esforzarme. No tengo necesidad de pensar, si puedo pagar; otros se encargarán por mí de la enojosa tarea»[17].

Es una descalificación del pasado de la humanidad: de maestros, de autoridades, de conocimientos recibidos de otros. Pero, ¿es posible que cada hombre pueda llegar a conocer y a decidir por sí mismo en todos los aspectos de la vida? Nos encontramos con una actitud semejante a la Descartes, quien un siglo antes había planteado la necesidad de considerar como falso todo lo dudoso (o sea, lo recibido) y comenzar sin presupuestos, es decir, sin supuestos previos.

¿Y cuál es el supuesto previo más peligroso, el que ha influido más en la historia y ha modelado el modo de pensar de la mayor parte de los hombres? De un modo u otro, la respuesta es siempre la misma, aunque con distintos matices: "la fe, según ellos [los ilustrados], era credulidad absurda para uso de los ignorantes y los imbéciles; consistía en creer, no lo que parece verdadero, sino lo que parece falso al entendimiento"[18]. La fe es irracional, puesto que exige asentir a lo que no se ve con la propia inteligencia, con la "excusa" de que supera su capacidad, o bien porque Dios, Om-

16. Ibidem.
17. Ibidem.
18. HAZARD, P., *El pensamiento europeo en el siglo XVIII*, 50-51.

nipotente y, por tanto, arbitrario, ha mandado esto y ha prohibido esto otro porque así lo ha querido, es decir, sin "razones" que podamos comprender.

Es comprensible, ante este planteamiento, que la razón práctica se considere superior a la razón teórica, que la filosofía deba ser una ciencia práctica o, al menos, al decir de Descartes, al servicio de la técnica. No es la realidad la que importa, sino el hombre y el uso que el hombre puede hacer de lo real. Por eso, "se trataba de ver quién criticaría más, pero también de ver quién repetiría más que de todas las verdades, las únicas importantes son las que contribuyen a hacernos felices; que de todas las artes, las únicas importantes son las que contribuyen a hacernos felices; que toda la filosofía se reducía a los medios eficaces para hacernos felices; y que, por último, no había más que un solo deber, el de ser felices"[19].

Sin embargo, ya Aristóteles, después de sentar que todos los hombres buscan la felicidad, había advertido que no es fácil saber dónde se encuentra o en qué consiste, y que, de hecho, había diversas teorías que él resume en tres, pero que autores posteriores, realizando un análisis más fino, llegaron a contar por centenares; en concreto, Varrón llegó a enumerar hasta 288[20]. Nada tiene de extraño, por eso, que en la filosofía moderna cada autor quiera romper con los anteriores, empezar de nuevo y proponer una nueva ética o, incluso, la exclusión de toda ética, por considerarla un impedimento para poder hacer lo que cada uno quiera.

De entrada, lo importante es la razón –la razón ilustrada–, que ha de ser sometida a examen, a crítica, porque purificada de todo lo "recibido" por tradición, será capaz de crear un hombre nuevo, autosuficiente: "la luz de su razón disiparía las grandes masas de

19. HAZARD, P., *El pensamiento europeo en el siglo XVIII*, 24.
20. ARISTÓTELES, *Ética a Nicómaco*, I, 3, 1095a 13 s. y I, 5, 1095b, 15 s.

sombra de que estaba cubierta la tierra; volverían a encontrar el plan de la naturaleza y sólo tendrían que seguirlo para recobrar la felicidad perdida. Instituirían un nuevo derecho, ya que no tendría que ver nada con el derecho divino; una nueva moral, independiente de toda teología; una nueva política que transformaría a los súbditos en ciudadanos. Para impedir a sus hijos recaer en los errores antiguos darían nuevos principios a la educación. Entonces el cielo bajaría a la tierra. En los hermosos edificios claros que habrían construido prosperarían generaciones que ya no necesitarían buscar fuera de sí mismas su razón de ser, su grandeza y su felicidad"[21].

¿Cómo fue posible llegar a esta situación, a este planteamiento en el que todo el saber humano acumulado durante siglos, debía quedar cancelado? La raíz hay que buscarla en el nominalismo que, desde el siglo XIV, adquirió un prestigio, como pensamiento crítico, capaz de demoler todo lo construido hasta entonces. Pero, al mismo tiempo, si se persevera en él, se hace imposible dar un solo paso hacia adelante. El ejemplo más gráfico es, seguramente, la Reforma luterana: una religión en la que las obras no valen nada y sólo la fe fiducial puede salvar al hombre. Ante la arbitrariedad divina –la predestinación–, al hombre no le queda otra cosa que "creer", sin fundamento, que Dios le salvará... sin salvarle, es decir, sin borrar los pecados sino exclusivamente porque –no se sabe por qué– no los tendrá en cuenta.

Salir del nominalismo partiendo de sus supuestos dará lugar, en la religión, al deísmo y, poco después, al agnosticismo y el ateísmo. "No es de extrañar que la idea de un Dios lejano, que pone en marcha la gran maquinaria del mundo, pero que –merced al rechazo de la noción de Providencia– se desentiende de los avatares de los hombres, contribuya a crear un ambiente secularizador

---

21. HAZARD, P., *El pensamiento europeo en el siglo XVIII*, 10.

en el que, de hecho, no se cuenta con lo divino y lo religioso se difumina en una dimensión horizontal y no trascendente, que se queda en la mera filantropía"[22].

22. SANZ SANTACRUZ, V., *Historia de la filosofía moderna*, Eunsa, Pamplona, 1991, 349.

2

El origen del hombre

Aunque ya venía de antes, sobre todo por la búsqueda de modos más "racionales" de explicar el origen del pecado y la redención, ahora se generaliza la teoría de que el hombre, si bien forma parte de la creación, en cuanto hombre es obra de sí mismo. Por tanto es preciso explicar su origen y su naturaleza. No hay que olvidar que «el siglo XVIII no se contentó con una Reforma; lo que quiso abatir es la cruz; lo que quiso borrar es la idea de una comunicación de Dios con el hombre, de una revelación; lo que quiso destruir es una concepción religiosa de la vida»[23]. La Revelación cristiana habla de una intervención directa de Dios, distinta de la creación del mundo material; el sexto día Dios tomó lodo de la tierra y moldeó el cuerpo humano, al que, a continuación, insufló un soplo de vida. Pero la narración del libro del Génesis no merece ningún crédito, puesto que no es una explicación "racional". Ahora es preciso buscar el origen en el propio hombre o no sería posible mantener que es un ser autónomo.

Esta tendencia se encuentra, de otra manera y sin romper con la fe católica, incluso en los tomistas de los siglos XVI y XVII,

---

23. HAZARD, P, *El pensamiento europeo en el siglo XVIII*, 10.

por influjo del protestantismo o, mejor, al querer argumentar contra esta herejía. Y así, contra la tesis tomista de que "aunque el hombre está inclinado por naturaleza al último fin, no lo puede alcanzar por naturaleza, sino solamente por la gracia... debido a la sublimidad de este fin"[24], los escolásticos tardíos no la comparten porque "es absurdo que algo sea deseado por un impulso natural –la única forma de inclinación natural– y que el hombre, sin embargo, no pueda llegar a este fin con su propia capacidad natural; y ello porque la naturaleza sólo posee por sí misma inclinaciones dentro de los límites de la naturaleza"[25]. ¿Por qué este cambio en la doctrina teológica mantenida hasta entonces? "Según infieren los teólogos del siglo XVI, el pensamiento de un *desiderium naturale* que, estando en la naturaleza, se remita a algo por encima de ella, crearía una pretensión jurídica sobre la salvación: la gracia dejaría de ser obsequio. La consecuencia a la que se llegó fue que al destino histórico-salvífico del hombre habría de subyacer una determinación hipotética puramente natural –un *finis naturalis*–. De este modo surgió la construcción, cargada de consecuencias, de una *natura pura*"[26].

Este cambio en el modo de entender al hombre tendrá consecuencias importantes tanto en el mundo católico como en la Ilustración. En concreto, "en el ámbito de la teología católica, el sistema de la *natura pura* se convertirá en dominante en la disputa con Bayo. En aras de asegurar la gratuidad de la gracia, los teólogos convierten en postulado la autonomía de la naturaleza, frente a la cual la gracia sólo tiene el carácter de un *superadditum*...

24. SANTO TOMÁS DE AQUINO, STh I-II, q. 6, a. 4, ad 15.

25. SILVESTRE DE FERRARA, *Opera*, Venecia, 1535, vol. I, p. 40-41. Esta cita, así como las ideas sobre la escolástica de los siglos XVI y XVII, en SPAEMANN, R., *Rousseau: ciudadano sin patria*, Centro de estudios políticos y constitucionales, Madrid, 2013.

26. SPAEMANN, R., *Rousseau: ciudadano sin patria*, 55-56.

Retrocede la idea de que el hombre podría depender de algo que necesariamente tiene el carácter de un don gratuito... Esta es la lógica de la que resulta la idea del *status naturae purae*"[27]. El resultado de esta nueva visión de la situación del hombre, entre algunos teólogos católicos, fue que consideraron que el pecado original había supuesto el fin del estado de gracia, pero no el de *natura pura*; así Roberto Belarmino pensaba que "el estado del hombre tras la caída de Adán no se diferencia de su puro estado de naturaleza más de lo que se distingue el hombre saqueado del desnudo"[28]. La consecuencia inmediata de este giro será fundamental para pensar que la antropología anterior era falsa y que, por consiguiente, era necesario hacer una nueva: "*al introducir la naturaleza en un contexto económico-salvífico, el concepto mismo de naturaleza se convierte en un momento de la teoría de la historia. En la Antigüedad, lo que sucede en la mayoría de los casos era criterio de lo que debe considerarse natural*[29]; ahora, sin embargo, probablemente sea fruto de un estado que en sí mismo resulta de un alejamiento de la naturaleza. Lo que la naturaleza significa ya no se muestra directamente en la experiencia, sino que ha de inferirse con ayuda de algún otro método"[30].

No es preciso un gran esfuerzo para reconocer un cierto eco de esas posturas de la escolástica del siglo XVI en el siguiente texto de Rousseau: "no es tarea fácil deslindar lo que hay de originario y de artificial en la naturaleza actual del hombre, y conocer bien un estado que ya no existe, que tal vez nunca haya existido, que probablemente no existirá jamás, y del que sin embargo, es necesa-

27. SPAEMANN, R., *Rousseau: ciudadano sin patria*, 56.

28. Citado por SPAEMANN, R., loc. cit, p. 57.

29. Cfr. ARISTÓTELES, *Física*, II, 8, 198b, 32 s: "Las cosas mencionadas, y todas las que son por naturaleza, llegan a ser siempre o en la mayoría de los casos, lo que no sucede en los hechos debidos a la suerte o a la casualidad".

30. SPAEMANN, R., *Rousseau: ciudadano sin patria*, 57.

rio tener una opinión correcta para juzgar correctamente nuestro estado presente"[31]. La naturaleza humana está desfigurada, casi irreconocible, en un caso por el pecado y, en los ilustrados, por motivos que habrá que investigar. En cualquier caso, el problema es el mismo: ¿cómo era la naturaleza humana y cómo vivir de acuerdo con ella, si es que ya es posible?

Aristóteles, y con él la tradición aristotélico-tomista, consideraba que la naturaleza debe tomarse, simultáneamente, en un doble sentido: como "origen" y como "norma": "naturaleza es, pues, lo que se ha dicho [un principio de movimiento y causa del movimiento y del reposo en la cosa a que pertenece primariamente y por sí misma, no por accidente]. Y las cosas que tienen tal principio se dicen que 'tienen naturaleza'. Y se dice que son 'conformes a naturaleza' todas esas cosas y cuanto les pertenece por sí mismas, como al fuego el desplazarse hacia arriba; pues este desplazamiento no es 'naturaleza', ni 'tiene naturaleza', pero es 'por naturaleza' y 'conforme a naturaleza'"[32]. Lo 'conforme a la naturaleza' se opone no sólo a lo artificial, sino, principalmente, a lo antinatural, lo *contra naturam*. Pero si la naturaleza humana, por las causas que sean, ya no existe, o ha cambiado intrínsecamente, y además, tampoco es posible volver a ella, ¿puede hablarse ahora de actos *contra naturam*? Y, lo que es más radical, ¿cómo debe ser ahora la naturaleza humana?, ¿hay que "recrearla" según algún modelo o diseño que habrá que fabricar *ex novo*? En definitiva: el hombre debe hacerse a sí mismo, y para ello no cuenta con ningún criterio que no sea obra del propio hombre.

Por otra parte, si la elevación al orden sobrenatural es un "añadido", no puede decirse entonces que la naturaleza ha sido

31. ROUSSEAU, J.J., *Discurso sobre el origen de la desigualdad entre los hombres*, prefacio.
32. ARISTÓTELES, *Física*, II, 1, 192b 33 s.

elevada, sino que sigue siendo la que era, si acaso corrompida o, al menos, dañada. Hay que tener en cuenta que "en el concepto de un *status naturae purae* se realiza, aunque al principio de modo hipotético, una independización del concepto de naturaleza que lo priva de su carácter polar. Mediante la antítesis *natura-gratia*, todas las distinciones clásicas habían sido niveladas ya [tales como fisis-nomos, naturaleza-voluntad, natural-artificial, etc.]... Toda moralidad humana es contrapuesta, como reino de las virtudes 'morales o naturales', a las virtudes sobrenaturales de la fe, la esperanza y la caridad. Toda acción y elaboración humana se sitúa, respecto de la contraposición *natura-gratia*, que es la que ahora da la pauta, del lado de la naturaleza. Con el sistema de la *natura pura*, el reino de la gracia pierde toda necesidad interna. Cuando es alcanzado por el veredicto de la Ilustración, contrario a todo positivismo en la revelación, 'naturaleza' se convierte en concepto para la totalidad del ser"[33]. Cuando todo es "natural", ya no puede existir lo antinatural, no sólo en el plano físico –distinción entre movimiento natural y violento, por ejemplo–, sino también en el plano moral, pues, a fin de cuentas, la naturaleza es fin de sí misma o, con una fórmula más clásica, *natura semper recurva in se ipsa*. De este modo se anula a sí misma porque, al carecer de teleología, cualquier estado es tan natural como su contrario. Para santo Tomás, en cambio, no había duda alguna en que "en el estado de naturaleza íntegra el hombre sólo necesita una fuerza sobreañadida gratuitamente a sus fuerzas naturales para obrar y querer el bien sobrenatural. En el estado de naturaleza caída, la necesita a doble título: primero, para ser curado y, luego, para obrar el bien de la virtud sobrenatural, que es el bien meritorio.

---

33. SPAEMANN, R., *Ensayos filosóficos*, Ediciones Cristiandad, Madrid, 2004, 33-34.

Además, en ambos estados necesita el hombre un auxilio divino que le impulse al bien obrar"[34].

El nihilismo encerrado en este procedimiento ya se había manifestado en la sofística: si el *nomos* es antinatural –artificial–, en el fondo, por ser obra del hombre, o sea, de un ser de la naturaleza, "es represivo, 'innatural', precisamente porque él mismo no es más que naturaleza, sólo que oculta bajo la apariencia de algo universal un interés de dominación natural, es decir, particular"[35].

¿Cómo escapar de este círculo que impide todo progreso o avance respecto de lo que se era desde el principio? La respuesta del pensamiento moderno viene a ser la siguiente: "allí donde se cobra conciencia de que la satisfacción de las necesidades humanas no es un fenómeno natural, sino que precisa del rodeo que pasa por la inhibición de los instintos y por la acción, y de que las necesidades mismas están mediadas por los sistemas que las satisfacen, allí la naturaleza ya sólo aparece como *terminus a quo* de la libertad, y su realización se concibe como un salirse de la naturaleza."[36]

¿Realmente es ésta una solución? El pensamiento moderno se inició con este propósito, pero pronto comprendió que este camino no llevaba a ninguna parte: "Hobbes habla del abandono del estado de naturaleza como primera exigencia de la razón. Kant escribe que el hombre debe salir del estado ético de naturaleza para convertirse en miembro de una comunidad ética. Al mismo tiempo, Kant ve en la producción de este estado una 'intención de la naturaleza misma'. La dialéctica de los antagonismos históricos, a través de la cual el hombre alcanza este fin más bien pasiva que activamente, le parece a Kant un ardid de la naturaleza, que 'sabe más' que el hombre, el cual se interesa por la satisfacción inme-

---

34. SANTO TOMÁS DE AQUINO, STh, I-II, q. 109, a. 2.
35. SPAEMANN, R., *Ensayos filosóficos*, 24.
36. SPAEMANN, R., *Ensayos filosóficos*, 35-36.

diata. Ciertamente, este objetivo de la naturaleza sólo se alcanza cuando los hombres lo hacen suyo con voluntad común. Pues no pueden querer que la naturaleza haga lo que ellos omiten hacer. Schiller entiende en este sentido el camino hacia el estado civil de derecho como paso del 'estado de naturaleza' al 'estado de razón'. Y Marx llama 'espontáneamente naturales' a las estructuras sociales que son el resultado del ciego juego de fuerzas de acciones humanas que compiten entre sí. Sólo el comunismo trae la transformación de la historia en el resultado querido del obrar solidario de los hombres como 'seres específicos'. Comprender esta historia a la vez como 'verdadera solución del antagonismo entre el hombre y la naturaleza' y como 'resurrección de la naturaleza', esta idea del joven Marx ha ocupado más seriamente a Ernst Bloch y a Herbert Marcuse que al Marx posterior"[37].

Quizás lo vio mejor Nietzsche cuando entiende que el "eterno retorno de lo mismo" no es otra cosa que "amar la nada para siempre" aunque, por su ateísmo militante, no pueda más que valorarlo como la libertad y la alegría supremas. Pero hasta llegar a esta conclusión, que, en realidad, aún puede "estirarse" más allá de lo que lo hizo Nietzsche, hay un largo camino, porque no sólo hay que explicar el origen del hombre, sino también su sentido, si es que tiene alguno.

¿Quién es propiamente hombre, el que vivió en el estado de naturaleza o el que ha surgido al abandonar dicho estado? Aquí las palabras nos traicionan porque a ambos le llamamos "hombre" y, sin embargo, son dos seres distintos: "concebir la relación de hombre y naturaleza como relación de 'antagonismo', tal fue la radical consecuencia que Rousseau había extraído del moderno concepto no teleológico de naturaleza. Si Aristóteles había dicho que el hombre es 'por naturaleza un ser político', Rousseau escribe

37. SPAEMANN, R., *Ensayos filosóficos*, 36-37.

que el hombre sólo puede ser hombre o ciudadano. Naturaleza e historia se vuelven inconmensurables. Naturalismo e historicismo son sólo dos caras de un mismo proceso. El hombre, tal es la tesis de Rousseau, ha abandonado la naturaleza y no puede regresar a ella. El estado de naturaleza hobbesiano es ya la figura histórica de la sociedad civil de competencia y en modo alguno es natural. Qué sea la naturaleza del hombre no se puede mostrar empíricamente. Por todas partes hay naturaleza ya depravada... Al permanecer conscientemente en la naturaleza lo llama por eso Hegel el 'mal'. Pero el mal había sido comprendido siempre en la tradición filosófica precisamente como obrar *contra* la naturaleza"[38].

La consecuencia de todo lo visto es que el hombre que ha surgido al abandonar el estado de naturaleza, no es el 'hombre de la naturaleza'. Por eso es preciso saber quién es este nuevo hombre o, en caso de que la salida de la naturaleza sea debida al despertar de la inteligencia y la libertad, habrá que "diseñarlo", sin contar con lo que fue "por naturaleza". Pero antes de llevar a cabo esta tarea es necesario estudiar otra, que puede orientar al hombre nuevo en su proyecto, ya que, de lo contrario, ese hombre no llegará nunca ser lo que se desea que sea; y éste es el problema de la existencia del mal: su origen y su "naturaleza".

---

38. SPAEMANN, R., *Ensayos filosóficos*, 37, 38 y 39.

3

El origen del mal

Acabamos de citar que, para Hegel, el mal consiste en permanecer conscientemente en el estado de naturaleza. De un modo u otro esta será la tesis de todos los autores modernos, ya que, o bien piensan que el hombre es malo (por naturaleza) o, como ya no puede regresar a ese estado, se ha hecho malo al pasar a ser inteligente y libre –lo cual no deja de ser una incongruencia o una contradicción–.

Aunque las teorías sean, aparentemente, distintas, en el fondo todos los pensadores modernos confiesan que el "hombre de la naturaleza" es malo, pero no malo en sentido moral, ya que la moralidad aún no ha nacido, sino malo en cuanto que no puede ser feliz salvo que abandone dicho estado.

Para Hobbes el hombre es un manojo de instintos imposibles de conciliar entre sí, lo que, además de producir un inmenso malestar interno, hace que el hombre sea un lobo para el hombre. El estado de naturaleza es una lucha de todos contra todos. El mal, por consiguiente, está en la raíz, en la "naturaleza" humana, la cual no pueda dar lugar a un *kosmos* sino a un *kaos*, en el que el miedo es el sentimiento que prevalece. Aristóteles había escrito muchos siglos antes que los que no admiten la causa final niegan la naturaleza y, efectivamente, esta es la postura de Hobbes, porque en el estado de naturaleza el hombre está continuamente amenazado en su misma existencia. Por decirlo gráficamente, el miedo es connatural, es la situación inicial, y la lucha de todos contra todos, el estado natural del hombre. La insatisfacción de los impulsos y deseos "naturales", o sea, la contradicción inherente a la condición humana, la sinrazón sustituida por las pasiones desatadas, ésa es la verdadera "naturaleza" del hombre, si es que a ese estado se le puede llamar naturaleza.

Más optimista parece Locke, para quien el hombre, en el estado de naturaleza, es libre porque es dueño o propietario de sí mismo. Pero el optimismo inicial dura muy poco ya que esa libertad y propiedad no sólo no están garantizadas, sino que están continuamente amenazadas ya que no existe ninguna garantía –podemos llamarle ya "jurídica"– de que son mías y, por tanto, quedan expuestas a que otro hombre, en nombre de su libertad, las haga suyas. Locke lo dice explícitamente: "si en el estado de naturaleza la libertad de un hombre es tan grande como hemos dicho; si él es señor absoluto de su propia persona y de sus posesiones en igual medida que pueda serlo el más poderoso; y si no es súbdito de nadie, ¿por qué decide mermar su libertad? ¿Por qué renuncia a su imperio y se somete al dominio y control de otro poder? La respuesta a estas preguntas es obvia. Contesto diciendo que, aunque en el estado de naturaleza tiene el hombre todos esos derechos, está, sin embargo, expuesto constantemente a la incertidumbre y a la amenaza de ser invadido por otros. Pues como en el estado de naturaleza todos son reyes lo mismo que él, cada hombre es igual a los demás; y como la mayor parte de ellos no observa estrictamente la equidad y la justicia, el disfrute de la propiedad que un hombre tiene en un estado así es sumamente inseguro"[39]. De nuevo encontramos que el estado de naturaleza es "inseguro", no garantiza en modo alguno el "disfrute" de la propiedad, empezando por el de su misma existencia.

¿Cuál es entonces para Locke el origen del mal? Dice que "la mayor parte de ellos [los hombres] no observa estrictamente la equidad y la justicia", razón bastante llamativa después de haber escrito que, en el estado de naturaleza, "todos son reyes", y lo propio del rey es legislar, gobernar y juzgar. Que cada uno, por tanto, haga lo que quiera, es lo "natural", de ahí que entrar en sociedad tenga sus ventajas, pero, a cambio, "merma su libertad". La sociedad da seguridad a costa de libertad; es, por tanto, un remedio contra el mal.

De Rousseau es imposible sacar conclusiones sobre qué partido toma, ya que sus contradicciones son constantes. Si, por un lado, "este paso del estado de naturaleza al estado civil produce en el hombre un cambio muy notable, substituyendo en su conducta el instinto por la justicia, y dando a sus acciones la moralidad que les faltaba antes. Sólo entonces, cuando la voz del deber sucede al impulso físico y el derecho al apetito, el hombre que hasta entonces no había mirado más que a sí mismo, se ve forzado a obrar por otros principios, y a consultar su razón antes de escuchar sus inclinaciones. Aunque en ese estado se prive de muchas ventajas que tiene de la naturaleza, gana otras tan grandes, sus facultades se ejercitan al desarrollarse, sus ideas se amplían, sus sentimientos se ennoblecen, su alma toda entera se eleva a tal punto, que si los abusos de esta nueva condición no le degradaran con frecuencia por debajo de aquella de la que ha salido, debería bendecir continuamente el instante dichoso que le arrancó de ella para siempre y que hizo de un animal estúpido y limitado un ser inteligente y

---

39. LOCKE, J., *Segundo tratado sobre el gobierno civil*, II, 9, Alianza editorial, Madrid, 2003, n. 123, p. 134.

un hombre"[40]. Lo que parece ser una valoración muy positiva del estado social, no lo es, por eso insiste siempre en que el abandono del estado de naturaleza, aunque inevitable, ha sido una tremenda desgracia, porque ha producido una escisión en el hombre entre el ser y el parecer, que lo ha vuelto malo e infeliz.

Por tanto, "el carácter ejemplar de la existencia de Rousseau se debe a que él expone por primera vez, en su obra y en sí mismo, las paradojas del concepto moderno, no teleológico, de naturaleza. Una naturaleza no teleológica, esto es, un inicio en el que no está señalado ningún fin. Hacer de un principio semejante la norma y medida significa desencadenar la revolución permanente, la anarquía total, puesto que toda institución es la represión de tal naturaleza. O bien significa someter la naturaleza anárquica, radical y consecuentemente, a sus condiciones institucionales de conservación. Ambas posibilidades, la 'izquierda' y la 'derecha', son sentidas y examinadas a fondo por Rousseau… Y así es como Rousseau se convierte en el padre de todos los modernismos y antimodernismos modernos: de la Revolución y de la Restauración, del Estado liberal de Derecho y de la dictadura populista, de la pedagogía antiautoritaria y del totalitarismo, del cristianismo romántico y de la etnología estructuralista. Toda disputa sobre el 'verdadero Rousseau' es inútil"[41].

Esta ambivalencia, o mejor, contradicción, es la conclusión "lógica" (si es que cabe aquí usar este término) del planteamiento moderno acerca del origen del hombre y del mal. Bueno y malo dejan de ser conceptos morales y son aplicables, según los casos y las circunstancias cambiantes, a la naturaleza humana, ya sea en "estado natural" o en "estado social", a las pasiones e instintos, a las decisiones voluntarias e incluso al pensamiento. Porque si el

---

40. ROUSSEAU, J.J., *Del contrato social*, I, 8.
41. SPAEMANN, R., *Rousseau: ciudadano sin patria*, 7.

paso al estado social ha hecho del hombre un ser racional, también es cierto –desde esta perspectiva– que pensar es un gravísimo mal[42].

Por tanto, la tesis de Rousseau sobre el origen del mal puede expresarse así: "¿qué es el mal? Dominio de hombres sobre hombres; pérdida de la libertad originaria, puesto que es ésta –¡y no la razón!– la que constituye la esencia inicial del hombre. ¿Por qué ejerce un hombre el dominio? Porque es demasiado débil para bastarse a sí mismo. 'Toda maldad proviene de la debilidad' (*Emilio*)"[43]. El mal, por tanto, está enraizado en el hombre –y en la sociedad– y no puede ser eliminado salvo volviendo al estado de naturaleza, lo cual ya es imposible.

Pero más dramático es el caso de Kant, porque después de sentar que la voluntad es santa, añade que el hombre es malo, más aún, está corrompido. Tal y como plantea lo que llama "el mal radical", se sigue que "no se trata solamente de que la naturaleza humana sea *frágil*... Se trata de un mal más profundo y radical, que anida en la misma entraña del corazón humano. No es sólo fragilidad o impureza: es auténtica maldad (*Bösartigkeit*). Es la *vitiositas*, la *pravitas*, o –si se prefiere– la *corruptio* del corazón del hombre. Es como una especie de autonomía para la heteronomía: la inclinación del propio arbitrio libre hacia máximas que sitúan los motivos surgidos de la ley moral *detrás* de otros que no son

---

42. "El hombre emerge fuera de la animalidad simultáneamente mediante el empleo de los utensilios y el desarrollo del juicio reflexivo. Todo se pone en movimiento por tanto, pero este movimiento nos aleja de la plenitud original: nos pervierte, es decir que nos aparta de nuestra primera naturaleza. El hombre que reflexiona es un animal depravado, lo que no implica en primer término una condena moral: un animal depravado es un animal que abandona el sencillo camino a que le conducía su instinto". STAROBINSKI, J., *Jean-Jacques Rousseau. La transparencia y el obstáculo*, Taurus, Madrid, 1983, 253.

43. SPAEMANN, R., *Rousseau: ciudadano sin patria*, 75.

morales, sino meramente naturales. Se le puede llamar también literalmente 'perversidad' (*perversitas*) del corazón humano, porque *invierte* el propio pensamiento moral, de manera que la propia intención moral se encuentra *pervertida* en su raíz"[44].

La voluntad es santa, pero "el hombre es malo por naturaleza" (*"der Mensch ist von Natur böse"*). ¿De qué naturaleza habla aquí Kant si lo más propio del hombre es la razón práctica, a la que debe someterse la razón teórica? En Kant la razón teórica es pecaminosa[45]: está volcada sobre el mundo sensible y por eso es incapaz de llegar al conocimiento de Dios: la "idea de Dios" es una mera idea "regulativa" que carece de contenido, y que, junto con las ideas de mundo y alma, hace posible la ciencia de la naturaleza, si bien ésta siempre será hipotética, basada en un "como si" existieran las realidades a las que se refieren dichas ideas, pero sabiendo que el conocimiento de esa existencia es imposible.

Puso Kant límites a la razón para dejar lugar a la fe; pero, ¿qué tipo de fe y cuál es su contenido? "La ley moral es dada como un *factum* de la razón pura del cual somos conscientes *a priori* y que resulta cierto apodícticamente, aunque no quepa hallar en la experiencia ningún ejemplo de que haya sido cumplida escrupulosamente. Por lo tanto, la realidad objetiva de la ley moral no puede verse probada por una deducción, ni tampoco por un empeño de la razón teórica subvenida especulativa o empíricamente y, por consiguiente, aun cuando se quisiera renunciar a la certeza apodíctica, tampoco podría verse confirmada por la experiencia y quedar así demostrada *a posteriori*, pese a todo lo cual se mantiene firme por sí misma»[46]. No hay

44. LLANO, A., *Sueño y vigilia de la razón*, Eunsa, Pamplona, 2001, 164-165. Estos comentarios se refieren a ideas contenidas en *La religión dentro de los límites de la mera razón*.

45. KANT, I., *Crítica de la razón pura*, A 814; B 842 s.

46. KANT, I., *Crítica de la razón práctica*, 122-123. Ak. V, 47.

demostración ni certeza alguna, pero la ley moral ha de ser admitida porque "se mantiene firme por sí misma". O dicho de un modo más explícito: Kant cree –tiene fe racional– en la racionalidad de la razón práctica. Esto es una paradoja que debería haberle llevado a dudar de todo.

Otro texto es quizás más explícito al respecto: «si un sistema semejante, como el que se desarrolla aquí acerca de la razón pura práctica a partir de su crítica, ha costado mucho o poco trabajo, sobre todo a la hora de no errar en la elección del punto de vista desde el cual pueda delinearse correctamente el conjunto de este, es algo que debo dejar juzgar a los avezados en este tipo de tareas. Desde luego, dicho sistema se sostiene por sí solo»[47]. Si el ideal científico es el sistema, y Kant lo admite expresamente[48], sólo la fe en la razón –a pesar de que la razón práctica es sólo una razón útil– no puede faltar, porque lo contrario nos llevaría "a tomar los principios morales como vanas quimeras"[49].

Sin embargo, el intento kantiano de lograr la autonomía moral del hombre es, por principio, irracional y, lo que es peor, Kant era consciente de ello. La razón es que «en esta segunda *Crítica*, Kant no tiene más remedio que reconocer que la libertad es la *ratio essendi* de la moralidad. Pero... niega todo valor cognoscitivo a esta fundamentación ontológica (lo cual, por cierto, está al borde de la inconsecuencia). Sostiene, entonces, que la moralidad es la *ratio cognoscendi* de la libertad. La moralidad se ha quedado sin el fundamento que la libertad podía proporcionarle. La moralidad se ha convertido en un mero *factum* de la razón, es decir, en algo tan extraño como un dato racional. Ya no es un dato pasivamente recibido, como eran las impresiones sensibles, sino la ley que la

47. KANT, I., *Crítica de razón práctica*, A 13-A 14. Ak, V, 8.
48. KANT, I., *Crítica de la razón pura*, A 832; B 860.
49. KANT, I, *Crítica de la razón pura*, A811; B839.

razón se da a sí misma sin saber por qué. Es un *factum* que ocupa en precario el lugar del fundamento»[50].

La razón pura es por sí misma "práctica": es la razón emancipada que no depende más que de sí misma[51]. Este ideal "casi" se logra en Kant, pero tiene un precio demasiado alto: "la Ilustración postula la emancipación de la razón en los términos de un total disponer de ella. Pero se trata de un postulado ilusorio, que sólo se sostiene mientras dicha totalidad dispositiva no se logra, o precisamente porque no se logra. Esta imposibilidad es lo que impide la completa demenciación del ilustrado. Para comprobarlo basta señalar que si se lograra la total disposición de la razón se produciría la coincidencia de la razón con un postulado. El absurdo es manifiesto: esa coincidencia aniquilaría a la razón"[52]. Kant llegó hasta el límite, pero no se atrevió a dar el último paso.

De todos modos, Kant ha dado un paso decisivo para enfrentar la libertad del hombre con su naturaleza; «así las cosas, las relaciones entre naturaleza y razón en el ámbito ético no pueden ser más que de disconveniencia. La precariedad de este fundamento se manifiesta inmediatamente en un problema que es básico en todo enfoque ético: la aporía del *mal moral*. En el planteamiento clásico –a grandes líneas– el mal moral proviene básicamente del posible desacuerdo del dictamen práctico de la razón con la naturaleza racional de la persona humana. En Kant este desacuerdo es inevitable, pero no se presenta como malo, sino precisamente como bueno. Esta inversión de las relaciones entre naturaleza y razón constituye precisamente la 'revolución copernicana en la ética',

---

50. LLANO, A, *Sueño y vigilia de la razón*, 156-157.

51. «Si la razón puede ser práctica de suyo y lo es realmente, tal como demuestra la conciencia de la ley moral, entonces sólo es una y la misma razón quien siempre juzga según principios *a priori* con un propósito teórico o uno práctico». KANT, I., *Crítica de la razón práctica*, 236. Ak. V, 121.

52. POLO, L., *La persona humana y su crecimiento*, O.C., XIII, 192.

que Kant pretende haber realizado. Al liberarse del acuerdo con
lo tendencial y pulsional, la libertad ha superado el estrecho cerco
del egoísmo natural, para abrirse a un ámbito práctico de comunicación universal entre los hombres e incluso entre todos los seres
racionales»[53]. O, al menos, eso es lo que cree haber logrado. Pero,
¿qué es, realmente, lo que ha hecho Kant?

Kant vive de suposiciones, de "necesidades" que deben admi-
tirse para que la razón humana sea "racional", pueda ser coherente
y logre, de ese modo, dar respuesta a sus "intereses"; y como esas
"realidades" desconocidas son "necesarias", hay que darles "realidad
objetiva", aun cuando su existencia en el mundo real sea indemos-
trable. "Pero no es sólo que nuestra razón sienta ya una exigencia
de poner el *concepto de lo ilimitado* como fundamento del concepto
de todo lo limitado y, con ello, de todas las otras cosas; también
esta exigencia vale en la presuposición de su existencia, sin la cual
la razón no puede indicar ningún fundamento satisfactorio de la
contingencia de la existencia de las cosas en el mundo, y menos de
la finalidad y orden que se encuentra por todas partes en un grado
tan admirable (en lo pequeño, porque nos resulta cercano, aún más
que en lo grande). Sin admitir un autor inteligente, ni siquiera se
puede indicar, sin caer en puros absurdos, un fundamento *comprensible* de esto; y, aunque no podemos *demostrar* la imposibilidad
de una finalidad semejante sin una primera *causa inteligente*…, aún
queda, en esta falta de evidencia, un fundamento subjetivo suficiente de su *aceptación*, en el hecho de que la razón *exige* presuponer
algo que le resulte comprensible con lo que explicar este fenómeno
dado, puesto que todo aquello a lo que la razón, por el contrario,
puede unir un concepto, no puede cumplir esta exigencia"[54].

53. LLANO, A., *Sueño y vigilia de la razón*, 157-158.
54. KANT, I., *¿Qué significa orientarse en el pensamiento?*, en *En defensa de
la Ilustración*, Alba editorial, Barcelona, 1999, 171-172.

La razón siente la necesidad de "poner" el concepto de lo ilimitado, aunque carezca de medios para demostrar su existencia; pero "aún queda, en esta falta de evidencia, un fundamento subjetivo suficiente para su aceptación", y esto porque "la razón exige presuponer algo que le resulte comprensible". Entonces, ¿fe en Dios o fe en la propia razón?

En el fondo también en Kant se da un dualismo que no es posible compatibilizar: el hombre como ser fenoménico y el hombre como ser nouménico. El primero es malo, el segundo bueno y santo. Por eso, la lucha entre ambos es constante, y el triunfo de uno sobre el otro no está asegurado salvo que nos engañemos a nosotros mismos y nos decidamos –si es que es posible– por vivir según los dictados de la razón pura práctica. La moral kantiana es autónoma porque está encerrada en los presupuestos que el propio Kant se impone; fuera de dichos presupuestos, carece por completo de valor: «si lo que es mi deber no tiene absolutamente nada que ver con aquello que yo mismo busco en la vida [la felicidad], entonces no es algo que me incumba. Siempre podré decir: 'Por qué debo?' Y cuando alguien me lo explique, podré replicar: '¿Y por qué debo querer lo que debo? El caso es que no lo quiero'. La respuesta: 'Justamente porque debes', no sirve de nada. La reclamación del deber permanece atrapada en un círculo del cual no parte ningún camino hacia el otro círculo en el que se halla atrapado quien se encierra en ese su querer [la felicidad] para el que no hay razones que valgan»[55].

En resumen, todas las doctrinas modernas sobre la naturaleza y el origen del mal pueden calificarse de gnósticas[56], con un gnos-

---

55. SPAEMANN, R., *Límites. Acerca de la dimensión ética del actuar*, Eiunsa, Madrid, 2003, 95-96.

56. "Muchos planteamientos ilustrados son gnósticos, o bien pretenden algo así como una justificación de Dios (Teodicea). También es frecuente el

ticismo que no tiene necesidad de recurrir a dos dioses, uno bueno y otro malo, sino a una dualidad, inherente al hombre, que no puede reducirse a unidad: estado de naturaleza-estado civil, mundo fenoménico-mundo nouménico. En la antropología kantiana, "cada vez que se refiere al hombre, es preciso saber si habla de la especie humana o del ser moral, de la criatura racional que podría existir en otras partes del universo o bien de los hombres en su cualidad de efectivos habitantes de la tierra"[57].

Kant fue consciente de este dualismo, pero concluyó que no era posible eliminarlo: "en el prólogo de su *Antropología* habla Kant de un dualismo fundamental en el enfoque que caracteriza nuestro planteamiento antropológico: el punto de vista 'fisiológico' y el 'pragmático'. 'El conocimiento fisiológico del hombre se orienta hacia lo que la naturaleza hace del hombre; el pragmático, hacia aquello que el hombre –como ser que actúa libremente– hace de sí mismo, o puede o debe hacer'. La cuestión que se plantea es la siguiente: ¿en qué relación se encuentran estos dos modos de conocimiento del hombre? ¿Existe algún puente entre el conocimiento fisiológico y el conocimiento pragmático del hombre? ¿Se puede concebir un 'ser que actúa libremente' como producto de la naturaleza? ¿Es posible entender la libertad como 'producto de la naturaleza' o, por el contrario, hay que entender la naturaleza como 'sustrato de la libertad', si queremos pensar la libertad?"[58].

En Rousseau encontramos la misma idea expresada de otro modo: "sin que sea necesario invocar la intervención sobrenatural de un demonio tentador y de una Eva tentada, el origen de nuestra decadencia es explicable por razones meramente humanas. Como

intento de descifrar la Providencia divina en el ámbito histórico". POLO, L., *La originalidad de la concepción cristiana de la existencia*, O.C., XIII, 259, nt. 13.

57. ARENDT, H., *Conferencias sobre la filosofía política de Kant*, Paidós, Barcelona, 2003, 56.

58. SPAEMANN, R., *Lo natural y lo racional*, Rialp, Madrid, 1989, 23.

el hombre es perfectible, no ha dejado de añadir sus invenciones a los dones de la naturaleza. Y a partir de entonces, la historia universal, sobrecargada por el peso cada vez mayor de nuestros artificios y de nuestro orgullo, toma el aspecto de una *caída* acelerada en la corrupción: contemplamos horrorizados un mundo de máscaras y de ilusiones mortales, y nada asegura al observador (o al acusador) de que él mismo se salve de la enfermedad universal"[59].

Desde el comienzo de la modernidad, ya con Bacon, la causa final había sido desechada; el mundo es una máquina sin finalidad intrínseca; por tanto, ha de ser manejado por el hombre, único ser capaz de proponerse fines. De este modo el dominio de la naturaleza puede llegar a ser completo. Así lo propuso también Descartes. En Kant la finalidad pasó a ser un "principio" lógico para explicar lo inexplicable, pero nunca una "causa" real –una causa que no causa nada no puede ser real–. Ahora el hombre sí que es el señor del universo, pero también él carece de fines dados: la naturaleza no los tiene y la naturaleza humana tampoco. Por tanto, "al final de este camino se halla la claridad sin ventanas de la conciencia que permanece en sí misma y para la cual la naturaleza se ha convertido en lo absolutamente ajeno"[60].

Acabar con la finalidad de la naturaleza es acabar con la misma naturaleza, había escrito Aristóteles. Ahora que se ha producido esa destrucción, ¿qué ha quedado? Una nueva visión de la realidad: "la teleología natural es idolatría, la contemplación mecanicista de la naturaleza *vindicatio divini numinis*, escribe el filósofo renacentista Sturmius. A ello se añade para Francis Bacon que la teleología es inútil. Si queremos hacer algo con la naturaleza, no nos sirve de nada reflexionar acerca de hacia dónde quiere dirigirse ella por sí misma. El conocimiento de la naturaleza se pone

59. STAROBINSKI, J., *Jean-Jacques Rousseau*, 22.
60. SPAEMANN, R., *Límites*, 40-41.

al servicio del hacer. La teleología, en cambio, era conocimiento de la naturaleza simpatético, el intento de entender la naturaleza de algún modo como si fuera semejante a nosotros. Esa forma de entender la naturaleza no estaba al servicio del hombre, sino que era un elemento de la autocomprensión del hombre dentro del conjunto del mundo... La naturaleza se convierte así en mero objeto de uso, del *uti*"[61].

Si la naturaleza no es mala ni buena, si la naturaleza humana no existe sino que debe ser obra del propio hombre, el mal –que deja, por tanto, de ser mal moral– sólo puede provenir del hombre mismo: al proponerse fines, se ha equivocado, o los ha llevado mal a la práctica. En definitiva, lo importante es el "resultado", lo que el hombre ha hecho con sí mismo: "el radical moderno es el principio del resultado. El hombre está a la búsqueda de sí mismo en el modo del producir... La vida consiste en autorrealizarse. El hombre depende de sus actos, pero no por el intrínseco valor de éstos, sino por los resultados que de ellos se derivan"[62].

Bien y mal, se le llame moral o no, no hacen referencia a Dios, ni a una ley divina incumplida por el hombre[63]. La moralidad es ahora un asunto exclusivamente interno: el hombre no es consecuente consigo mismo, está escindido, quiere una cosa pero hace

---

61. SPAEMANN, R., *Límites,* 41.

62. POLO, L., *La originalidad de la concepción cristiana de la existencia,* 276-277.

63. "A la ideología moderna se le escapa que el hombre no es capaz de hacerse a sí mismo; el hacer humano no desemboca en realidad estricta. La existencia humana no se encuentra en los resultados, porque éstos no son cuestión de realidad, sino de posibilidad factiva. El tema del ser humano sufre una distorsión insuperable si se coloca en el plano de lo producido.
"La última finalidad del hombre quedaría frustrada si la acción poseyera un último horizonte dotado de positividad precisa. En este sentido, la confusión del ser del hombre con una supuesta culminación de su hacer es puro ateísmo". POLO, L., *La originalidad de la concepción cristiana de la existencia,* 288.

la contraria. Unos autores, como Rousseau, piensan que conocen la raíz del mal y que, por tanto, pueden erradicarlo; otros, como Kant, la desconocen, ya que "la intención, esto es: el primer fundamento subjetivo de la adopción de las máximas, no puede ser sino único, y se refiere universalmente al uso todo de la libertad. Ella misma tiene, sin embargo, que haber sido adoptada también por libre albedrío, pues de otro modo no podría ser imputada. El fundamento subjetivo o la causa de esta adopción no puede a su vez ser conocido"[64]. De todos modos, admite que, junto a la conciencia moral, "el hombre depende también, por disposición natural suya igualmente inocente, de motivos impulsores de la sensibilidad y los admite también en su máxima (según el principio subjetivo del amor a sí mismo)... Por lo tanto, la diferencia –esto es: si el hombre es bueno o malo– tiene que residir, no en la diferencia de los motivos que él acoge en su máxima (no en la materia de la máxima), sino en la *subordinación* (la forma de la máxima): *de cuál de los dos motivos hace el hombre la condición del otro*"[65]. En resumen: el hombre es malo, pero no se sabe por qué. Y, una vez más, el mal, que Kant llama "radical", consiste en la contradicción interior, no en la ofensa a Dios.

En cualquier caso, "el gran drama de la historia de la Salvación, desapareció de la mentalidad ilustrada. El hombre se había quedado solo como creador de su propia historia y de su propia civilización; solo como quien decide por sí mismo lo que es bueno y lo que es malo, como quien existiría y continuaría actuando *etsi Deus non daretur*, aunque Dios no existiera"[66].

64. KANT, I., *La religión dentro de los límites de la mera razón*, Alianza editorial, Madrid, 4ª reimpresión, 1995, 42.

65. KANT, I, *La religión dentro de los límites de la mera razón*, 56.

66. SAN JUAN PABLO II, *Memoria e identidad*, La esfera de los libros, Madrid, 2005, 24.

Desde la Ilustración, repetidas veces se ha intentado cancelar la era cristiana: en la Revolución francesa, en la bolchevique, y ahora, con el Nuevo Orden Mundial. Se considera que la historia es un pesado fardo del que hay que desprenderse porque impide avanzar; en ella, la cultura acumulada ha sido no sólo falsa, sino contraproducente. Por eso hay que suprimirla, por ejemplo, en los planes de estudio de la enseñanza media; O bien, reescribirla, pero comenzando, en cada caso, en el momento en que el hombre empezó, según las diversas opiniones, a hacerse cargo de su marcha. Si el hombre, antes no era libre, su historia podría inscribirse, si acaso, en la historia "natural", junto con la del universo, pero no como historia propiamente humana. "No es ninguna casualidad que la preocupación temática por el pasado haya aparecido, en la época moderna, ligada al propósito de desecharlo, cara a la construcción del futuro. Los sistemas en que se plasma esta preocupación se convierten, sin embargo, en pasado ellos mismos. La forma presuntuosa de resolver esta preocupación es considerar el pasado como algo susceptible de definitiva clausura, o definitivamente transcurrido. La superación del pasado, en este sentido, es dialéctica. El uso del método dialéctico en orden a la comprensión de la historia es un intento de desentenderse del pasado en la forma de considerarlo caducado, o sucedido como etapa antitética. Esta discontinuidad, no ya de los comienzos libres, sino de la misma contextura de la historia en cuanto que vertida en la cultura, es el error de perspectiva en que incurre la ideología marxista. Desde esta perspectiva, el marxismo es soteriología"[67]. Lo mismo debe decirse de la Ilustración en general y de la Revolución francesa y el Nuevo Orden Mundial.

---

67. POLO, L., *El hombre en la historia*, 74-75.

4

El dualismo intrínseco de la condición humana

Si el mal es una escisión interior en el hombre, una falta de coherencia consigo mismo, necesariamente ha de estar causado por la "condición" humana. Por un lado, el hombre "existió" (o al menos debe suponerse) en estado de naturaleza; por otro, ha abandona dicho estado. Esta salida es positiva, pues hace del hombre un ser racional, moral, libre y social; pero, a cambio, le priva de la inocencia original, de la inocencia propia de un ser irracional, insocial y amoral.

Volver al estado de naturaleza es imposible: sería algo así como decidir libremente no ser libre, o racionalmente volver a ser irracional, o, mediante una decisión moral, volverse amoral. Quizás esto fuera lo que intentó Rousseau al final de su vida, pero no consiguió más que acabar maldiciendo la condición humana, o sea, amargarse. Pero Kant tampoco pudo evitar la contradicción y la amargura: "Sócrates descubrió la única regla que rige el pensamiento: la regla del 'modo de pensar consecuente' (según la expresión kantiana en la *Crítica del Juicio*) o, como se denominará más tarde, el axioma de no contradicción... Sin embargo, con Kant, cuya doctrina moral se basa por completo en dicho principio, se reconvirtió en un elemento de la ética, puesto que la ética kantiana se funda en un proceso de pensamiento: obra de tal modo que la máxima de tu voluntad pueda valer como principio de una ley general, es decir, una ley a la que tú mismo puedas someterte. Se trata de nuevo de la misma regla general: no entres en contradicción contigo mismo (no con tu yo sino con tu *ego* pensante), regla que determina tanto el pensamiento como la acción"[68]; pero, ¿cuál es la diferencia entre "tu yo" y "tu *ego* pensante"? Kant nunca pudo responder a esta pregunta, de ahí que hablara del mal radical.

La modernidad busca la emancipación del hombre respecto de todo pero, principalmente, de la naturaleza, porque sin este presupuesto, la libertad –o sea, la misma emancipación– se hace imposible. Pero no cae en la cuenta de que incluso esa supuesta liberación es una recaída en la naturaleza, de la que es imposible liberarse si se quiere ser libre. Pensar que la técnica, lo artificial, lo que es obra del hombre, puede alejarnos de la naturaleza tanto como queramos, hasta el punto de abandonarla, es olvidar algo elemental: "naturaleza es lo que no hemos fabricado nosotros. Pero si podemos fabricar algo es porque la naturaleza misma es de la índole del material ya formado y podemos entenderla por analogía con lo que nosotros fabricamos. Y sólo porque la naturaleza no es materia puramente pasiva, Aristóteles puede distinguir a su vez entre movimiento natural y violento... Todo lo fabricado es, de algún modo por determinar, asimismo natural. Ningún fabricar puede ser otra cosa que un modificar lo que ya es. Y además un modificar que se ha de acomodar a la estructura de lo que ya es, ya que las estructuras producidas tienen como presupuesto permanente el sustrato que subyace y que está a su vez estructurado"[69].

Más aún, "hay todavía otro sentido en el que en todo lo que hacemos y fabricamos está presupuesto algo como siendo por na-

68. ARENDT, H., *Conferencias sobre la filosofía política de Kant*, 74-75.
69. SPAEMANN, R., *Ensayos filosóficos*, 25.

turaleza, a saber, en la medida en que el sujeto mismo que obra, en su ser-y querer-así-y-no-de-otro-modo, no es, sin más, producto de sí mismo o del fabricar de otros. Si Cicerón contraponía la *natura* a la *voluntas*, Tomás de Aquino distingue –siguiendo a san Agustín– en la misma voluntad la naturaleza –a saber, la *naturalis inclinatio* a la felicidad como aquello por lo que todo es querido– del querer libre enraizado en esa *inclinatio*"[70].

Querer ser causa de sí mismo es un ideal moderno enunciado por Spinoza; pero es imposible y contradictorio; puede haber un ser incausado, pero nunca un ser que sea su propia causa. No es que la naturaleza "vuelva" sobre sí misma, ya que entonces estaríamos de nuevo ante una *causa sui*; más bien es que la naturaleza, como origen, principio, *arché*, no puede ser eliminada sin que con ella desaparezca todo lo que de ella ha nacido o brotado.

Por tanto, el dualismo moderno que distingue entre lo natural y lo artificial, lo realizado por el hombre, lo que cree que ya no es natural sino antinatural, sólo puede entenderse como una *caída*, un *pecado*, gracias al cual el hombre se libera de sus orígenes, aunque, en realidad, más bien ha corrompido su propio ser, lo ha desmantelado, lo ha convertido en un "producto" inservible[71]. Crear de la nada es imposible para la criatura, salvo que piense que es dios y que es capaz de "romper" los lazos que le unen a su comienzo

---

70. SPAEMANN, R., *Ensayos filosóficos*, 26.

71. Kant fue consciente, en parte, de este hecho cuando "imagina" cómo pudo ser la salida del hombre del estado de naturaleza: "el primer paso fuera de este estado fue, por el lado moral, una *caída*; por el físico, el resultado de esta caída fue una multitud de males no conocidos por la vida, en consecuencia, un *castigo*. La historia de la *naturaleza* comienza, por tanto, con el bien, pues es la *obra de Dios*; la historia de la *libertad* con el mal, pues es la *obra del hombre*". KANT, I., *Comienzo presunto de la historia humana*, en *En defensa de la Ilustración*, 153. Para Kant la libertad es una conquista humana; Dios no hizo libre al hombre.

o principio –a su naturaleza–. Para ello habría que crear también nuevos valores, un nuevo criterio para discernir el bien del mal. Ahora bien, "la cuestión de si el resultado de la interferencia de una ciencia que progresa con las otras realizaciones vitales y las otras formas de encuentro con la realidad es interpretable como progreso, presupone, en primer lugar, una idea de en qué consiste una vida humana buena, digna de ser vivida; y depende, en segundo lugar, de cómo sea esa ciencia, cuáles sean sus intereses cognoscitivos, y quién la emplee y para qué"; de ahí que "una ciencia que con vistas al sometimiento de la naturaleza prescinde de toda consideración teleológica no puede al mismo tiempo pretender determinar por sí misma para qué es ella buena. No puede determinar en absoluto para qué es buena ninguna cosa. Es más, ni siquiera puede juzgar su propio desarrollo bajo la perspectiva del bien"[72].

La distinción entre hombre natural y hombre producto de sí mismo implica siempre que éste último no es más que el resultado de la autodestrucción o, con una expresión ya clásica, de "la abolición del hombre". Además, "en la medida en que tal acontecimiento se considera radical, presta a la Historia un valor absoluto. Si la emancipación es inherente al hombre y corre a su cargo, desaparece la distinción entre la Historia profana y la Historia sagrada, puesto que se atribuye a la emancipación un carácter soteriológico neto. Asimismo, a partir del acontecimiento emancipatorio, la Historia es promovida por la libertad. Así toma cuerpo la idea de progreso: en la medida en que se enuncia la idea de emancipación, la humanidad puede llevarla adelante como tarea siempre por realizar, propia del hombre adulto, que se convierte en autor de sí mismo"[73].

---

72. SPAEMANN, R., *Ensayos filosóficos*, 152.
73. POLO, L., *La originalidad de la concepción cristiana de la existencia*, 257.

5

La "liberación": nuevas éticas y nuevas teorías políticas

La emancipación como meta o fin de la Ilustración es, en realidad, la carencia de meta y de fin, ya que cualquier cosa que se nos presente como fin impediría la emancipación plena del hombre nuevo. Pero el hecho es que, si queremos vivir, hemos de proponernos metas, y la emancipación no es más que un medio; si fuera el fin la vida sería un puro sinsentido.

También se ha dicho que emanciparse de la naturaleza es recaer en ella, pero del peor modo posible: dejándose llevar por sus tendencias e instintos más bajos e irracionales, ya que, de lo contrario, tendríamos que recurrir de nuevo a la naturaleza (a la primitiva naturaleza) para encontrar dichos fines. De este modo la emancipación es un bucle del que no es posible salir; por eso se ha hablado frecuentemente de la "dialéctica de la Ilustración", o sea, de que da lugar a lo contrario de lo que se propone.

Bastaría recordar las doctrinas éticas de los filósofos modernos para caer en la cuenta de que no aportan nada nuevo y que, salvo en el caso de Kant, cuya ética tan humana deshumaniza al hombre, acaban siempre, de un modo u otro, en el hedonismo. Hobbes defiende que cada cual sea feliz a su manera, pero sometiéndose a una autoridad –el Leviatán– irracional y todopoderosa. Hume propone el emotivismo moral; Locke es sensista y se contenta con el placer; el utilitarismo habla del mayor bien para el mayor número, pero se desentiende de los individuos... No hay nada nuevo bajo el sol. La razón de que no pueda haber nada nuevo no es sólo que verdaderamente existe una naturaleza humana, sino de que el ideal emancipatorio lo impide: "desde Nietzsche se habla incesantemente de la búsqueda de nuevos valores. De hecho, se trata de la cuadratura del círculo. Por una parte, bajo el concepto de valor se busca algo que ejerza una fuerza avasalladora sobre el hombre, que no le deje elección y que por medio de la evidencia lo fuerce a querer de este modo y no del otro. Pero, por otra parte, la infinita reflexión de la conciencia moderna hace tiempo que está en condiciones de disolver de inmediato cualquiera de tales evidencias. La conexión entre valor y valoración es, desde Nietzsche, demasiado clara como para que no fuéramos capaces de captar de inmediato la condicionalidad de los llamados valores. El concepto de valor es un concepto a posteriori de la reflexión, no es ninguna vara de zahorí con la que podamos encontrar agua"[74].

De hecho, citando a Nietzsche cuando afirma que "sólo si la humanidad tuviera una meta reconocida por todos, podría uno proponer, 'así y así hay que actuar': por el momento no existe tal meta. De manera que no se deben poner las exigencias de la moral en relación con la humanidad, esto es una insensatez y un pensamiento inútil" (Nietzsche, F., *Morgenröte. Werke*, edición de K. Schlechta, vol. I, 1080), Spaeman comenta: "a la argumentación de Nietzsche se le puede dar la vuelta: puesto que no hay ninguna meta de la humanidad en su conjunto, no está permitido lo que sólo por referencia a una meta tal tendría sentido. Toda determinación humana de fines está condicionada natural e históricamen-

---

74. SPAEMANN, R., *Límites*, 80.

te, y justamente por eso es inmoral funcionalizar la sustancia de la incondicionalidad moral en vista de ningún fin señalable"[75].

No queda –o eso parece– más que enunciar que "el hombre es una pasión inútil", o "un ser para la muerte". O, como concluye Nietzsche, "amar la nada para siempre".

¿Queda alguna otra posibilidad que aún no haya sido explorada? Respecto de las teorías políticas, que piensan que es el Estado, la sociedad civil, etc., quien nos ofrece una sociedad feliz, un estado de bienestar, una sociedad sin clases, etc., todas ellas han demostrado en la práctica que acaban en tiranías. Incluso la llamada "democracia liberal" da lugar a desigualdades e injusticias injustificables. Y decir que eso es lo que quieren los ciudadanos, o la mayoría, no es ningún argumento a su favor si es que del Estado se espera la "redención"; aparte de que, sea cual sea la forma de gobierno, al final quien manda, manda; aunque haya sido elegido, una vez en el poder, y mientras siga en él, su autoridad se hará sentir sobre todos que, en ese momento, pasan a ser súbditos. Basta recordar que también las formas modernas de democracia se basan en la idea de que la forma de gobierno es un artificio o, como dijo Kant, "el problema del establecimiento del Estado, por duro que suene, aun para un pueblo de demonios (con tal de que tengan entendimiento), es dirimible y reza así: 'ordenar una multitud de seres racionales que, para su conservación, exigen conjuntamente leyes universales, aun cuando cada uno en su interior tienda a excluirse de ellas, y organizar su constitución, de modo que, aunque sus opiniones privadas sean opuestas, los contenga mutuamente y el resultado de su conducta pública sea el mismo que si no tuvieran tales malas opiniones'. Este problema debe ser dirimible. Pues no se trata de la mejora moral del hombre, sino del mecanismo de la naturaleza, y la tarea consiste en saber cómo puede utilizarse

---

75. SPAEMANN, R., *Límites*, 77-78.

éste en el hombre para ajustar el conflicto de sus opiniones discordes dentro de un pueblo, de manera que se obliguen mutuamente a exponerse a leyes coactivas y deban producir así el estado de paz en que las leyes tienen vigor"[76].

El mecanicismo sigue siendo –contra viento y marea– el modo de "pensar" en la organización de un estado de derecho, y no puede ser de otro modo mientras se piense que no existe el "bien común", o que dicho bien no es otro que el disfrute de la libertad, o sea, la emancipación de sus ciudadanos, ya sea individual o colectivamente. Kant lo dijo expresamente: "la *libertad* en cuanto hombre, cuyo principio para la constitución de una república expreso en la fórmula: nadie puede obligarme a ser feliz a su manera (como se figure el bienestar de otros hombres), sino que cada uno puede buscar su felicidad por el camino que prefiera, siempre que no cause perjuicio alguno a la libertad de los demás para conseguir un fin semejante, la cual puede coexistir con la libertad de todos según una posible ley universal (es decir, según el derecho del otro)"[77].

¿Es posible en la práctica la coexistencia de estas libertades si cada uno se propone fines distintos? El hecho es que desde la Ilustración no han parado las revoluciones y las guerras, incluso a escala mundial, todas ellas "buscando" el bien de la humanidad y la libertad; tampoco antes se habían dado totalitarismos tan terribles. La dialéctica de la Ilustración no es una mera conclusión teórica.

Pero parece que aún queda otra posibilidad de lograr la plena emancipación, y hoy se está llevando a la práctica bajo el nombre de "Nuevo Orden Mundial". Para comprender de qué se trata y cómo se está imponiendo, es necesario, previamente, recordar la

---

76. KANT, I., *Para la paz perpetua*, 333-334.
77. Ibidem.

doctrina cristiana acerca del origen del mal, o sea, sobre el pecado original y sus consecuencias[78].

78. Ni liberalismo ni marxismo aceptan, en la práctica, que el hombre es persona y, como tal, un valor absoluto, no relativo a fines políticos, económicos, etc. "Si al liberalismo puede acusársele, en términos muy generales, de inmadurez en lo que respecta a la comprensión de la realización del hombre, el marxismo por su parte, ofrece una evidente dificultad que consiste en la *imposibilidad absoluta de considerar a la humanidad como sujeto*. Por eso, el humanismo marxista no puede ser más que naturalismo, entendiendo por naturalismo una interpretación del hombre en que la *dimensión personal queda anulada*. Pero la anulación de la personalidad implica el *desconocimiento de la libertad* como factor realizador". POLO, L., *La originalidad de la concepción cristiana de la existencia*, 352.

6

El pecado original como origen del mal

Cuando en su primera visita a España, en 1982, san Juan Pablo II quiso celebrar en Santiago de Compostela un acto "europeísta", supongo que fuimos muchos –jóvenes entonces– que no acabábamos de comprender el sentido de dicho acto. La cultura europea, cada vez más extendida a causa de la globalización, aparecía a muchos –a la mayoría– como una cultura fundada en la visión cristiana de la vida; pero el Papa sabía que ya no era así o, mejor, que determinadas ideologías la estaban cambiando radicalmente, hasta el punto de hacerla irreconocible. Europa –occidente– debía dejar de ser cristiana; un nuevo paganismo, muy radical y agresivo, se estaba imponiendo por la fuerza, contando con potentes medios de comunicación, con cantidades ingentes de dinero, con la toma del poder en todos los países y, con ello, con el cambio de la legislación en todos sus campos: económico, laboral, penal, familiar, político, en la educación, etc. De las "raíces" cristianas no debía quedar ni rastro, y si alguien se atrevía todavía si quiera a manifestar su extrañeza, debía ser apartado de la vida pública, más aún, debía ser sancionado. El llamado Nuevo Orden Mundial no admite disidencias, ni objeción de conciencia: se iba a imponer *manu militari*, como una batalla en la que sólo podía haber vencedores y vencidos.

En 1999, en el umbral del siglo XXI, san Juan Pablo II, después de un Sínodo de obispos, escribió lo siguiente: "en la raíz de la pérdida de la esperanza está el *intento de hacer prevalecer una antropología sin Dios y sin Cristo*. Esta forma de pensar ha llevado a considerar al hombre como 'el centro absoluto de la realidad, haciéndolo ocupar así falsamente el lugar de Dios y olvidando que no es el hombre el que hace a Dios, sino que es Dios quien hace al hombre. El olvido de Dios condujo al abandono del hombre', por lo que, 'no es extraño que en este contexto se haya abierto un amplísimo campo para el libre desarrollo del nihilismo, en la filosofía; del relativismo en la gnoseología y en la moral; y del pragmatismo y hasta del hedonismo cínico en la configuración de la existencia diaria'. La cultura europea da la impresión de ser una apostasía silenciosa por parte del hombre autosuficiente que vive como si Dios no existiera"[79].

Lo que a finales del siglo XX era una "apostasía silenciosa", ahora es una apostasía "clamorosa", más aún, obligatoria, sin concesiones de ningún tipo, intolerante. Y, lo que es peor, en nombre de la libertad y la democracia, es decir, como liberación y emancipación radical y definitiva. Dentro de la propia Iglesia defienden estos postulados, esta ideología, teólogos, miembros de la jerarquía, políticos que militan en partidos que siguen llamándose "democracia cristiana", etc., participando en ceremonias religiosas y "confesándose" verdaderos católicos. La confusión, por tanto, ha llegado a todos los niveles.

Puede decirse que esta nueva ideología, cuya punta de lanza es la ideología de género, se inició en la Ilustración —en el siglo XVIII–, y ha llegado a formularse de un modo integral, a partir de la segunda mitad del siglo XX. La liberación sexual del 68, el freudomarxismo, el informe Kissinger de 1974, son algunos de

---

79. SAN JUAN PABLO II, *La Iglesia en Europa*, 1999, n. 9.

sus principales hitos, que han concluido con la "toma" de todas las instituciones internacionales, en las que esta ideología es exclusiva y excluyente: la ONU con todas sus "agencias", la Unión europea, los tribunales internacionales, etc. Faltan aún algunos pasos –pocos– que están a punto de cumplirse: declarar derechos humanos la sustitución de los sexos por los infinitos géneros que cada día aparecen, el aborto, la eutanasia, etc., y la exclusión de la objeción de conciencia, la libertad personal frente al poder político, la abolición de la familia y de la patria potestad, etc. En resumen: todo lo "natural" se ha vuelto "antinatural" y todo lo "antinatural", "natural" (para no usar este término suele sustituirse por "libre", lo que es una contradicción, ya que es "impuesto").

Pero es preciso comprender qué enseña la fe cristiana acerca del origen del hombre y del mal, para comprender qué se propone la nueva ideología.

En el relato del libro del Génesis Dios creó el cielo y la tierra, y, al menos cuatro veces, se dice que vio Dios lo que había hecho y vio que era bueno. El sexto día, acabada la creación del mundo, Dios creó al hombre, no como un ser más del mundo material, sino moldeando su cuerpo e insuflando un soplo de vida. Esta "soledad" de la criatura humana indica, junto con otras expresiones del relato, que Adán, el primer hombre, no sólo estaba vivificado por un alma espiritual, sino que había sido hecho a imagen y semejanza de Dios, es decir, como hijo suyo, pues en el Nuevo Testamento se dice del Hijo –segunda Persona de la Trinidad– que es la Imagen del Dios invisible.

Añade también la Biblia que dijo Dios: no es bueno que el hombre esté solo; démosle una compañera. Antes había quedado escrito que "varón y mujer los creó". Para que quedara más claro el sentido de estas expresiones, se narra que Dios hizo desfilar a todos los animales por delante de Adán, que les dio nombre, pero no encontró ninguno que fuera semejante a él. Por eso la creación de la mujer, a partir del cuerpo del varón, tiene un sentido especial: no es otro "varón" sino que, por ella, el hombre abandonará a su padre y a su madre y serán los dos una sola carne. Incluso los respectivos cuerpos manifiestan su "esponsalidad": cuerpo de padre y cuerpo de madre, respectivamente. El matrimonio, por consiguiente, no es una convención humana sino que ha sido "creado" junto con el hombre, como el modo de vida que Dios pensó para el varón y la mujer; por eso los bendijo Dios con estas palabras: creced y multiplicaos, llenad la tierra y sometedla.

Adán y Eva vivían en familiaridad con Dios: eran hijos de Dios. Fueron creados para un fin que, por su propia naturaleza, no podían alcanzar pero que, al estar elevados al orden sobrenatural, les convenía como propio por contar con su filiación respecto de Dios. La "elevación", más que algo que le ocurre al hombre, es la invasión de la divinidad en la naturaleza humana. Por eso hay que tener cuidado con el lenguaje para no considerar como reales dos naturalezas en el ser humano: una, la *natura pura* y otra, la elevada; el *status naturae purae* como tal, o sea, como "estado", no se ha dado nunca. Por eso, en la teología cristiana –hasta el siglo XVI, como se ha visto– no se habla de dos hombres o dos estados, aunque, por supuesto, se estudiaba cuál era la naturaleza humana, puesto que ésta era la elevada.[80]

El ser humano tenía, pues, una mayor dependencia de Dios que la criatura irracional: por ser creado y por ser hijo, sin que ambas dependencias pudieran separarse. Pero esta doble dependencia no le hacía esclavo sino libre: el ser humano debía conocerla, reco-

---

80. Santo Tomás no admite un *status naturae purae*; el hombre, al ser creado, fue elevado al orden sobrenatural, luego cayó en el pecado y perdió ese estado; por fin, el hombre ha sido redimido, si bien la redención ha de ser aceptada libremente por cada uno. Un fin natural, por consiguiente, no sólo no existe ahora, sino que no ha existido nunca. Esto no significa que no exista la naturaleza humana, pero caída y redimida y elevada.

nocerla y aceptarla; sin la aceptación libre, el ser humano quedaba por debajo, incluso, de la criatura material, con una libertad sin sentido o que no podía usar más que para ponerla al servicio de su animalidad.

En su "estado" de hijo de Dios, nuestros primeros padres no tenían necesidad de, por así decir, cumplir los Diez Mandamientos, la ley natural, ya que vivir de acuerdo con su naturaleza –elevada– era lo "normal"; vivir de otro modo hubiera sido –fue– una renuncia a ser lo que eran. Por eso dice san Agustín que fue necesario que Dios les diera un precepto, para que, por la virtud de la obediencia, que es la más propia de la criatura racional, manifestaran su dependencia de Dios. No comer del árbol de la ciencia del bien y del mal –éste fue el precepto– llevaba consigo no sólo manifestar la dependencia, sino aceptar también que el mundo, y su situación en él, era muy bueno; de ahí que, para ellos, el mundo era un paraíso.

El pecado –por incitación de Satanás– consistió en no aceptar la dependencia: "seréis como dioses, conocedores de la ciencia del bien y del mal". Si Dios había creado todo "bueno", y al hombre como "muy bueno", esa ciencia –del bien y del mal– es exclusiva de Dios. Si el hombre, en la creación, distingue entre el bien y el mal, le corrige la plana al creador, blasfema, renuncia a su condición de hijo y se erige en "sustituto" de Dios. Por tanto hay que admitir que "el mal hunde sus raíces en el hombre y forma parte del plexo de lo interesante, al que desbarata o perturba impidiendo su estabilidad misma"[81].

El origen del hombre es Dios; el origen del mal está enraizado en lo más profundo del hombre, en su ser de criatura e hijo de Dios. Por tanto, "atribuir el mal a una causa anónima o exterior no es suficiente. El mal arranca del hombre y se inscribe en su vida,

---

81. POLO, L., *La persona humana y su crecimiento*, p. 95.

desvaneciendo su sentido inmediato con su enigmático influjo. De esta manera constituye una aporía insoluble ante la que decaen los recursos humanos. Es imposible desterrar el mal. Ello exigiría una reforma del comportamiento que habría de ponerse en obra desde una iniciativa de profundidad máxima. Sin embargo, es esa profundidad lo que el mal paraliza. El hombre atenazado por el enigma, esto es, por la ausencia de sentido que él mismo provoca, es el hombre doliente"[82].

Tratar de buscar el origen del mal fuera del hombre es un proyecto que, de entrada, está condenado al fracaso, porque no se debe a su naturaleza, ni a su "estado", ni a condiciones externas; tampoco se debe al hecho de tener que vivir en sociedad. Todo eso lo tenía y lo hacía el hombre antes del pecado, y era "muy bueno". Pero si el pecado original consiste en lograr la "autonomía" respecto de Dios, en darse su propia ley, entonces todo lo que haga al margen de Dios –incluso buscar su "redención"– le alejará más de su origen, de su principio, de su propio ser: le deshumanizará. Como el pez en la red: cuanto más haga por liberarse, más se enreda: "el mal se corresponde con el concepto de salvación. En la medida en que lo sufre principiándolo, el hombre es incapaz de salvarse a sí mismo. La salvación ha de serle otorgada como un don. Pero nótese bien: este don ha de penetrar hasta lo más profundo del hombre y ha de restaurar lo más profundo de manera que ya no sea raíz del mal. Y como esa raíz es aplastada por el mal, al ser salvado lo radical en el hombre es liberado en orden a una expansión que le corresponde sin más, pero que es insospechable sin la salvación. Por eso la radicalidad de la persona se destaca en la teología cristiana, y su consideración desde otro ángulo comporta un desenfoque inevitable"[83].

---

82. POLO, L., *La persona humana y su crecimiento*, p. 95.
83. POLO, L., *La persona humana y su crecimiento*, 95.

"El pecado no es una enfermedad contraída por una causa exógena; tampoco es una enfermedad que se siga de la propia naturaleza humana. Es algo mucho más profundo y radical, porque el hombre –libremente– "corrige" la obra de Dios hasta el punto de que se hace irreconocible para él mismo". En las teorías modernas esto se manifiesta en que autonomía es sinónimo de autorrealización, hacerse a sí mismo, encontrarse, etc. El hombre se encuentra perdido y, lo que es peor, no cuenta con ningún criterio para buscar la causa de esa pérdida y, menos aún, el camino para volver a ser lo que fue. La consecuencia es que "el que salva ha de ser capaz de llegar a lo más íntimo. Por consiguiente, no puede ser otro que el Creador. Tanto desde el punto de vista del que salva, como en lo que atañe al hombre, la salvación tiene un carácter estrictamente radical. Precisamente por ello, el hombre ignora cómo pueda ser eso. Esta perplejidad es expresada netamente por Nicodemo: (Ioh, III, 4)"[84]. Nicodemo pregunta cómo es posible nacer de nuevo, volver al seno materno, lo cual, en el plano natural, evidentemente, no tiene sentido.

El ser humano queda, por tanto, dañado en su mismo ser; de ahí que la autosalvación sea un ideal irrealizable. Todas las teorías políticas –ideologías– que pretenden crear un hombre nuevo, un nuevo paraíso en la tierra, no pueden llevar más que a un alejamiento mayor de lo que pretenden.

Además, si el hombre decide qué está bien y qué mal en la creación, o sea, "si la ciencia del bien y del mal conserva el carácter de operatividad dominante de la ciencia, da lugar a la aparición del proyecto de corregir en su constitutividad fundamental misma al universo. El dominio es entonces transformación, injerencia, intento de ponerse operativamente en el lugar de Dios ("seréis como dioses"): en una palabra, enmendarle la plana. En el proyecto co-

---

84. POLO, L., *La persona humana y su crecimiento*, 95.

rrectivo, el hombre se separa de Dios, actúa solo por su cuenta y ya no se apoya ni espera en Él. Aquí está la razón formal primordial del pecado en cuanto que tal: la blasfemia, la escisión, la soberbia presuntuosa, la muerte de la esperanza, la soledad espiritual (pérdida de la destinación). Por otra parte, la ciencia del bien y del mal es constitutivamente errónea (lo que también ofende a Dios), pues el proyecto de corrección se aprecia como bueno, y lo corregido como malo. Esto hace de la disyuntiva una distorsión aberrante. La distorsión se explica por una vacilación en el afán de infinito que, al confrontarse con las cosas, se frustra en ellas y, si se empecina, ha de corregirlas en una dirección imposible (*conversio ad creaturas*)"[85].

El Magisterio de la Iglesia ha insistido en que el llamado "problema ecológico" es un problema moral, antes que técnico o político. Si no se entiende así, todas las medidas que se tomen para corregirlo, lo hacen "en una dirección imposible", principalmente porque el dominio técnico es siempre, si no está regido por principios morales, dominio sobre personas, abuso de poder y, en su fase más radical, totalitarismo: "como el hombre no es una criatura ineficaz, la ciencia errónea instala el error en el mundo, y con el error la enemistad. Esta contaminación es como un escándalo cósmico, una vanificación de las cosas maltratadas"[86]. La ecología es una ciencia; el ecologismo, una ideología que, al valorar negativamente la acción humana, lo sitúa por debajo de la naturaleza; de ahí que, más que "corregirlo", pretende ponerlo al servicio de la creación material; así se explica que se le juzgue como un animal depredador que ha de ser eliminado. ¿Quiénes son los jueces que

---

85. POLO, L., *La originalidad de la concepción cristiana de la existencia*, 304.

86. POLO, L., *La originalidad de la concepción cristiana de la existencia*, 304.

condenan a unos y se autovaloran como "salvadores" de la naturaleza?, ¿qué título invocan para decidir sobre los demás? Son juez y parte.

Pero hay otro aspecto, otra consecuencia del pecado original que, en la actualidad, gracias al progreso científico, ha cobrado, desde hace dos siglos, una importancia mucho mayor. Aunque la cita sea larga, merece la pena no mutilarla, puesto que se refiere a la gnosis y el dualismo propio de estas doctrinas: "nótese que la ideología gnóstica, cuya aparición es recurrente en la Historia..., se basa en la tesis de que Dios creador es un dios torpe, malo, o las dos cosas. Se atribuye el mal a Dios, se habla de la creación como ira divina. Esta tesis va unida a una interpretación de la sexualidad como mala, vergonzosa. La actividad sexual significa la colaboración humana con Dios creador, intrínsecamente normada por Él. La gnosis es la ideologización herética tipo, por serlo del pecado original mismo. Consiste en una falsa atribución con base en una constatación *post peccatum*. Pero esa falsa atribución repite el motivo central del pecado de Adán (en este sentido, es una prueba de él). Según esto, la ciencia del bien y del mal produce consecutivamente una cierta confusión entre la ciencia y la sexualidad, un entrecruzamiento de sus planos respectivos (la sexualidad está en el orden de la génesis y no sólo en el de la perfectibilidad). El desorden sexual no es lo primordial del pecado de ciencia, pero sí una consecuencia inevitable. En este sentido, la pérdida del control espiritual de la energía sexual es más grave de lo que se suele decir; no es un simple debilitamiento de la jerarquía y armonía de las facultades, sino la afinidad entre la ciencia ociosa y la sexualidad misma. De aquí deriva toda una serie de errores acerca de la sexualidad –por ejemplo, los gnósticos–, así como lo que podríamos llamar el transformismo sexual, es decir, la simbólica combinatoria del sexo en orden al anhelo de reconstruir el universo. La transformabilidad de la sexualidad estriba en su aproximación o asociación a la ciencia transformante no perfectiva. El sentido de la sexualidad es transgredido en el modo de una ampliación interpretativo-cósmica. No se trata de un desorden de la sexualidad en sentido precisivo, sino de su confusión con el espíritu, debida a un desorden del espíritu mismo. En suma, la pérdida del control espiritual de la energía sexual es el acompañante de una inhabilidad y de una orientación falsa del espíritu. Este aspecto consecutivo y, por tanto, eminentemente histórico del pecado original, es una de las fuentes del mito y, a la vez, una quiebra de la perfectibilidad humana y una manifestación de la omisión de esta. Es propia del cristianismo la visión moral de la sexualidad, orientada según las nociones de bienes (parte esencial de la doctrina del matrimonio), virtudes (pureza como virtud, no como abstención) y normas. Es evidente que el desmantelamiento de la moralidad ordenadora de la operatividad sexual forma parte de las intenciones de muchas ideologías históricas"[87].

Aquí se encuentran ideas fundamentales para comprender qué pretende el Nuevo Orden Mundial, cuya punta de lanza es la "ideología de género". El desorden sexual —no se debe olvidar que el matrimonio no es una construcción humana sino que se incluye en el plan creador de Dios sobre el hombre—, se debe a que la armonía interior del ser humano, compuesto de cuerpo y espíritu, se rompe, y su cuerpo —masculino o femenino—, deja de someterse a la razón y la voluntad. Refiriéndose al texto bíblico que señala que en el Paraíso, Adán y Eva estaban desnudos, sin sentir por eso "vergüenza", san Juan Pablo II lo explica así: "la frase, según la cual los primeros seres humanos, varón y mujer, «estaban desnudos» y sin embargo «no se avergonzaban de ello», describe indudablemente su estado de conciencia, más aún, su experiencia

---

87. POLO, L., *La originalidad de la concepción cristiana de la existencia*, 306.

recíproca del cuerpo, esto es, la experiencia por parte del hombre de la feminidad que se revela en la desnudez del cuerpo y, recíprocamente, la experiencia análoga de la masculinidad por parte de la mujer. Al afirmar que «no se avergonzaban de ello», el autor trata de describir esta experiencia recíproca del cuerpo con la máxima precisión que le es posible. Se puede decir que este tipo de precisión refleja una experiencia base del hombre en sentido «ordinario» y precientífico, pero corresponde también a las exigencias de la antropología y en particular de la antropología contemporánea, que se vuelve gustosamente a las llamadas experiencias de fondo, como la experiencia del pudor". Esta "experiencia" se expresa así: "Se puede decir que, creados por el Amor, esto es, dotados en su ser de masculinidad y feminidad, ambos están «desnudos», porque son libres de la misma libertad del don [mutuo]. Esta libertad está precisamente en la base del significado esponsalicio del cuerpo. El cuerpo humano, con su sexo, y con su masculinidad y feminidad, visto en el misterio mismo de la creación, es no sólo fuente de fecundidad y de procreación, como en todo el orden natural, sino que incluye desde «el principio» el atributo «esponsalicio», es decir, la capacidad de expresar el amor: ese amor precisamente en el que el hombre-persona se convierte en don y –mediante este don– realiza el sentido mismo de su ser y existir"[88].

Respecto del cuerpo, el pecado original se manifiesta en la "vergüenza" ante la propia desnudez, no sólo del propio cuerpo, sino del ser del hombre, que, al apartarse de Dios, se aparta de sí mismo y de la creación: "las palabras «temeroso porque estaba desnudo, me escondí» (Gen 3, 10) testimonian un cambio radi-

---

88. SAN JUAN PABLO II, *Catequesis sobre la teología del cuerpo*, Recopilada íntegramente en *Hombre y mujer los creó. El amor humano en el plan divino*, Ediciones Cristiandad, Madrid, 2000, 108-109 y 124. Corresponden a las catequesis del 12 de diciembre de 1979 y del 9 de enero de 1980.

cal de esta relación. El hombre pierde, de algún modo, la certeza originaria de la «imagen de Dios», expresada en su cuerpo. Pierde también, en cierto modo, el sentido de su derecho a participar en la percepción del mundo, de la que gozaba en el misterio de la creación. Este derecho encontraba su fundamento en lo íntimo del hombre, en el hecho de que él mismo participaba de la visión divina del mundo y de la propia humanidad; lo que le daba profunda paz y alegría al vivir la verdad y el valor del propio cuerpo, en toda su sencillez, que le había transmitido el Creador: «Y vio Dios ser muy bueno cuanto había hecho» (Gen 1, 31). Las palabras del Gen 3, 10: «Temeroso, porque estaba desnudo, me escondí» confirman el derrumbamiento de la aceptación originaria del cuerpo como signo de la persona en el mundo visible. A la vez, parece vacilar también la aceptación del mundo material en relación con el hombre. Las palabras de Dios-Yahvé anuncian casi la hostilidad del mundo, la resistencia de la naturaleza en relación con el hombre y con sus tareas, anuncian la fatiga que el cuerpo humano debería experimentar después en contacto con la tierra que él sometía: «Por ti será maldita la tierra: con trabajo comerás de ella todo el tiempo de tu vida; te dará espinas y abrojos y comerás de las hierbas del campo. Con el sudor de tu rostro comerás el pan hasta que vuelvas a la tierra, pues de ella has sido tomado» (Gen 3, 17-19). El final de esta fatiga, de esta lucha del hombre con la tierra, es la muerte: «Polvo eres, y al polvo volverás» (Gen 3, 19)"[89].

A esto hay que añadir que la desnudez y la vergüenza, consecuencia del pecado, influyen de manera grave en el significado esponsalicio del cuerpo humano, hasta el punto de que "la concupiscencia «que viene del mundo» —y aquí se trata directamente de

---

89. SAN JUAN PABLO II, *Catequesis sobre la teología del cuerpo*, en *Hombre y mujer los creó. El amor humano en el plan divino*, 191-192. Audiencia General del 14 de mayo de 1980.

la concupiscencia del cuerpo– limita y deforma el objetivo modo de existir del cuerpo, del que el hombre se ha hecho partícipe. El «corazón» humano experimenta el grado de esa limitación o deformación, sobre todo en el ámbito de las relaciones recíprocas hombre-mujer. Precisamente en la experiencia del «corazón» la feminidad y la masculinidad, en sus mutuas relaciones, parecen no ser ya la expresión del espíritu que tiende a la comunión personal, y quedan solamente como objeto de atracción, al igual, en cierto sentido, de lo que sucede «en el mundo» de los seres vivientes que, como el hombre, han recibido la bendición de la fecundidad (cf. Gen 1)... Lo que constituía el substrato «natural», somático y sexual, de esa atracción, ya en el misterio de la creación expresaba plenamente la llamada del hombre y de la mujer a la comunión personal; en cambio, después del pecado, en la nueva situación de que habla Génesis 3, tal expresión se debilitó y se ofuscó, como si hubiera disminuido en el delinearse de las relaciones recíprocas, o como si hubiese sido rechazada sobre otro plano. El substrato natural y somático de la sexualidad humana se manifestó como una fuerza casi autógena, señalada por una cierta «constricción del cuerpo», operante según una propia dinámica, que limita la expresión del espíritu y la experiencia del intercambio de donación de la persona. Las palabras del Génesis 3, 16, dirigidas a la primera mujer parecen indicarlo de modo bastante claro («buscarás con ardor a tu marido que te dominará»)"[90].

Hemos leído antes que "la gnosis es la ideologización herética tipo, por serlo del pecado original mismo. Consiste en una falsa atribución con base en una constatación *post peccatum*. Pero esa falsa atribución repite el motivo central del pecado de Adán (en

90. SAN JUAN PABLO II, *Catequesis sobre la teología del cuerpo*, en *Hombre y mujer los creó. El amor humano en el plan divino*, 211-212. Audiencia general de 23 de julio de 1980.

este sentido, es una prueba de él)". La gnosis ignora el pecado original y, a continuación, se pregunta por el origen del mal y el modo de erradicarlo. Repite el pecado de Adán porque pretende sustituir a Dios en la ciencia del bien y del mal, por eso es una ciencia que pretende transformar el mundo, negando que sea "bueno", para construir uno nuevo, opuesto al designio creador. Es imposible que esta nueva ciencia cambie y, menos aún, que perfeccione, la obra creadora; al contrario, lo aleja del plan divino y lo transforma, de Paraíso, en un infierno en la tierra.

La gnosis parte de un error primario fundamental –la negación del pecado original– y esto lo anula en su intento; más aún, le lleva a errores muy graves que empeoran la situación del hombre; "el hombre creado para la libertad lleva dentro de sí la herida del pecado original que lo empuja continuamente hacia el mal y hace que necesite Redención. Esta doctrina no sólo es *parte integrante de la Revelación cristiana*, sino que también tiene un gran valor hermenéutico en cuanto ayuda a comprender la realidad humana. El hombre tiende hacia el bien, pero es capaz también del mal; puede trascender su interés inmediato y, sin embargo, permanece vinculado a él. El orden social será tanto más sólido cuanto más tenga en cuenta este hecho y no oponga el interés individual al de la sociedad en su conjunto, sino que busque más bien los modos de su fructuosa coordinación… Cuando los hombres se creen en posesión del secreto de una organización social perfecta que haga imposible el mal, piensan también que pueden usar todos los medios, incluso la violencia o la mentira, para realizarla. La política se convierte entonces en una 'religión secular', que cree ilusoriamente que puede construir el paraíso en este mundo"[91].

Este plan comenzó ya en la Revolución francesa y, quizás antes, en la creación de los Estados Unidos como un estado pu-

---

91. SAN JUAN PABLO II, *Enc. Centesimus annus*, 1-V-1991, n. 25.

ramente racional; no es anecdótico, como se ha recordado, que la constitución americana comience hablando de la igualdad de todos los hombres a la vez que admitía la esclavitud, es decir, al mismo tiempo que decidía quiénes eran hombres y quienes no.

Respecto de la Revolución francesa es acertado decir que "la Revolución en su esencia (el espíritu revolucionario) ha sido el intento de hacerse cargo de la Historia llevándola por el rumbo que el hombre planea y que se entiende que termina en una situación final felicitaria, o bien garantiza el progreso indefinido. Ya no se trata, simplemente, de gestionar técnicamente la situación del hombre en el mundo, sino de imprimir una nueva dirección a la Historia, es decir, de crear el mismo sentido histórico, jugar en la línea de la Providencia, o sustituirla"[92].

Lo mismo cabe decir del nacionalsocialismo y del marxismo. Todos los totalitarismos, en nombre de la libertad y prometiendo un cielo en la tierra, han provocado los mayores terrores que ha conocido la humanidad. El Nuevo Orden Mundial ni siquiera se toma la molestia de negar que su instauración llevará consigo nuevos holocaustos; simplemente lo da por hecho como algo necesario[93]. A este propósito san Juan Pablo II, que vivió el horror de las "ideologías del mal" (nazismo y marxismo), se planteaba, ante esta nueva ideología que "se puede, más aún, se debe, plantear la cuestión sobre la presencia en este caso de otra ideología del mal, tal vez más insidiosa y celada, que intenta instrumentalizar incluso los derechos del hombre contra el hombre y contra la fami-

---

92. POLO, L., *La originalidad de la concepción cristiana de la existencia*, 262.

93. "¿Cómo intentar la mezcla de los dos? ¿Totalitarismo para que los débiles no sucumban y liberalismo para que los fuertes sanen por su cuenta? Es lo que intentan el neocapitalismo y la socialdemocracia, soluciones mixtas ambiguas, alicortas". POLO, L., *La originalidad de la concepción cristiana de la existencia*, 266.

lia. ¿Por qué ocurre todo esto? ¿Cuál es la raíz de estas ideologías postilustradas? La respuesta, en realidad, es sencilla: simplemente porque se rechazó a Dios como Creador y, por ende, como fundamento para determinar lo que es bueno y lo que es malo. Se rehusó la noción de lo que, de la manera más profunda, nos constituye como seres humanos, es decir, el concepto de naturaleza humana como 'dato real', poniendo en su lugar un "producto del pensamiento', libremente formado y que cambia libremente según las circunstancias"[94].

Hay, por tanto, un saber –una ideología– propia de un grupo de "elegidos" e "iniciados", que debe imponerse por todos los medios posibles, ya que, como diría Rousseau, no es más que "obligarnos a ser libres", lo que dará lugar a un hombre nuevo y a un mundo nuevo, exclusivamente humano, sin Dios, en el que seremos felices, aunque a costa de perder la libertad. En realidad, esta ideología que se presenta como una novedad, recupera muchas ideas anteriores –es como su colofón– y, en concreto, la tesis roussoniana del pacto social, según la cual éste sólo puede consistir en la alienación total del ciudadano, el cual queda reducido a la condición de súbdito, porque "si se aparta del pacto social lo que no pertenece a su esencia, encontraremos que se reduce a los términos siguientes: *cada uno de nosotros pone en común su persona y todo su poder bajo la suprema dirección de la voluntad general; y nosotros recibimos corporativamente a cada miembro como parte indivisible del todo*"[95] porque, explica Rousseau, "en suma, como dándose cada cual a todos no se da a nadie y como no hay ningún asociado sobre el que no se adquiera el mismo derecho que uno le otorga sobre uno mismo, se

94. SAN JUAN PABLO II, *Memoria e identidad*, 25.
95. *Del contrato social*. I, 6.

gana el equivalente de todo lo que se pierde y más fuerza para conservar lo que se tiene"[96].

Sin utopía no es posible proponerse crear otro hombre, un hombre que, habiéndose alienado por completo, piense que así se "recupera", sale ganando, es más libre, alcanza, en definitiva, la deseada "autonomía". La idea de que "dándose a los demás no se da a nadie" es aquí capital; se supone que existe una "voluntad general", de la que nadie querrá discrepar porque, en el fondo, es la suya, que lo gobernará todo. Pero dicha "voluntad general", indica también Rousseau, normalmente permanece "muda", no se manifiesta y, entonces, es preciso acudir a lo que llama la "voluntad de todos", o sea, a la de la mayoría, que, por principio, ni es la voluntad general ni coincide con ella. De ahí que sea necesario que haya un grupo dirigente que imponga su voluntad –que obligue a ser libres– a quienes no se sometan a sus leyes.

Como ocurre siempre en estas teorías modernas, una cosa es la legitimidad del poder y otra su legalidad. Como la legitimidad no aparece por ninguna parte, sólo queda someterse a la legalidad de los que han usurpado el poder. Kant lo vio así y no se recató en defender esta doctrina, porque, de otro modo, la sociedad, con todas sus ventajas, sería imposible. En la práctica todo es más simple: se reduce a que los "elegidos" (por sí mismos) imponga a todos su nueva antropología y, con ella, una nueva ética, un nuevo humanismo.

96. Ibidem.

7

El Nuevo Orden Mundial como ideología

¿Cuál es el "proyecto" que propone el Nuevo Orden Mundial, con el que se superarán todos los problemas de la humanidad y de cada hombre en particular?

El primer punto, necesario para presentarse como un saber de salvación, como gnosis, es el ateísmo. La lucha contra la religión es inherente a esta ideología y, especialmente, contra la Iglesia católica, ya que pretende arrancar de las conciencias toda la tradición, las raíces, en las que se funda la cultura occidental. Es incapaz de comprender que el ideal de autonomía es contradictorio, ya que «la tragedia del subjetivismo consiste en algo así como una contradicción interna: en la imposibilidad de sostener, de una manera legítima y con suficiencia, la noción de sujeto humano cuando esta noción se desequilibra por poner demasiado énfasis en mantenerla. Y esa exageración de la que, contradictoriamente, resulta una destrucción, esa especie de dinámica autonegativa…, tiene su razón de ser en que se intenta pensar, afirmar o vivir la subjetividad humana desde una situación, o como una situación, de autonomía completa»[97].

97. POLO, L., *La originalidad de la concepción cristiana de la existencia*, 21.

El hombre, "liberado" de todo y, especialmente de Dios, es, o
un "perro callejero", o un miembro anónimo de una colectividad:
"la pretensión de autonomía en el ser es el *desideratum* de orfan-
dad, el hombre como un expósito que comienza desde sí"[98]. Pero
sin este presupuesto, el ideal emancipatorio carece de sentido.

Otro punto central de esta ideología es el rechazo de la naturaleza y lo natural. La libertad se entiende como incompatible con
la necesidad propia de los procesos naturales; admitir una "naturaleza" sería contradictorio, aniquilaría cualquier intento por liberar
al hombre. El ateísmo lleva consigo no someterse a algo –la naturaleza– que no sea obra del hombre.

A primera vista esto parece falso, ya que el nuevo orden defiende el ecologismo, incluso hasta el punto de anteponerlo a las
necesidades del hombre. Pero este ecologismo no se apoya en la
ecología, en la ciencia, sino que tiene, al menos, dos motivos: por
un lado, marcar una línea de demarcación entre el hombre y lo
que no será el hombre; y, en segundo lugar, como instrumento
para destruir la "naturaleza humana", que debe someterse a la naturaleza material. Si el hombre es un depredador, su naturaleza
propia es opuesta a la de la naturaleza: está mal hecho, o la cultura,
la sociedad, etc., lo han modelado mal.

A esto hay que añadir la ideología de género y el feminismo
(lo que algunos llaman "feminismo radical", aunque no es fácil
discernir entre un feminismo y otro, puesto que la mujer es también un ser humano, aunque, evidentemente, tiene características
propias y exclusivas: es lo que san Juan Pablo II llama el "cuerpo
esponsal" del varón y la mujer). Ambas posiciones ideológicas van
necesariamente unidas.

Si el propósito del nuevo orden es cambiar al hombre –crear
un hombre nuevo, distinto del creado por Dios–, es necesario

---

98. POLO, L., *La persona humana y su crecimiento,* 99.

previamente "deconstruirlo" y volver a "fabricar" otro, hecho a "imagen y semejanza del hombre", o sea, diseñado por los nuevos ideólogos. Hay que recordar aquí que una de las consecuencias del pecado original –ya señaladas– es el desorden sexual, que no es lo primordial del pecado de ciencia, pero sí una consecuencia inevitable. En este sentido, la pérdida del control espiritual de la energía sexual es más grave de lo que se suele decir; no es un simple debilitamiento de la jerarquía y armonía de las facultades, sino la afinidad entre la ciencia ociosa y la sexualidad misma. En suma, la pérdida del control espiritual de la energía sexual es el acompañante de una inhabilidad y de una orientación falsa del espíritu".

La sexualidad tiene que ver, más que con la "ciencia transformante", que tiene por objeto la naturaleza material, el mismo "origen" del ser humano; si se cambia su origen, se cambia también el sentido del ser humano y, con él, de toda la realidad. Además, es un elemento fundamental para la dominación de la humanidad entera, ya que el "hombre nuevo", su sexualidad, el matrimonio, la familia, la paternidad y la maternidad, la educación, etc., deben cambiar el modo de verse a sí mismo y, en consecuencia, de entender toda la realidad.

Pero lo primero es el control de la población. Los nuevos autócratas necesitan saber cuántos hombres deben existir, porque el control no puede ejercerse sin saber exactamente sobre qué y sobre cuántos; además, el desarrollo de la técnica exige también el control de la producción, del valor y de la cantidad de objetos que deben producir.

No es casualidad que el llamado "informe Kissinger" tuviera principalmente esta finalidad. Recordemos que el año 1974 el presidente norteamericano Nixon encargó a una comisión un informe –conocido como el informe Kissinger–, sobre cómo lograr que la supremacía económica y militar de EEUU no se viera afectada por la descolonización de numerosos países africanos, asiáticos e incluso por el desarrollo económico de países del tercer mundo. Determinadas materias primas, abundantes en esos países, eran necesarias para la industria estadounidense y, una vez lograda su independencia, esos países podían usarla, administrarla y venderla libremente, lo que, pensaba Nixon, podía poner en peligro la supremacía mundial de los EEUU. Se trataba de hacer un informe "secreto", naturalmente, con indicaciones sobre qué política debía seguirse para controlar a esos nuevos países. Lo que comenzó siendo un plan para evitar el desarrollo y la independencia económica de una buena lista de países, pasó luego a extenderse al mundo entero[99].

Para llevar a cabo este proyecto era preciso —así lo creyeron— el control de la población, o sea, de la natalidad; países con una población pequeña tendrían pocas necesidades y, además, tendrían que acudir a las grandes potencias para explotar sus materias primas. Era preciso que esos países —y ahora el mundo entero— disminuyeran su población; así el consumo de materias primas descendería y, sobre todo, los países no podrían desarrollarse, salir de la pobreza, de modo que seguirían siendo dependientes. Algo así como "colonias" aparentemente libres.

---

99. "Las consecuencias políticas de los factores de población actuales en los LDCs (Países con Bajo Nivel de Desarrollo) —rápido crecimiento, migración interna, altos porcentajes de gente joven, lentas mejoras en los estándares de vida, concentraciones urbanas, y presiones de migraciones extrajeras— son dañinas para la estabilidad interna y las relaciones internacionales de países en cuyo progreso los EEUU está interesado, creando así problemas políticos e incluso de seguridad nacional para los EEUU. En un sentido más amplio, hay riesgo mayor de daño severo a los sistemas mundiales económicos, políticos y ecológicos y, al comenzar estos sistemas a fallar, a nuestros valores humanitarios". Éste es el objeto de estudio del informe, en el que bajo la excusa del progreso, se declara expresamente el peligro que puede derivarse para la "seguridad nacional". Traducido por Mario Eduardo Rossi *mrossi@geosysint.com*. Publicado en: planoexistencial.com.

Como modo o método para lograr este fin se habla en el informe de generalizar el uso de los métodos anticonceptivos artificiales, de la esterilización en masa de las mujeres y, sobre todo, del aborto, que debería ser aprobado legalmente en todas partes. Pero como ninguno de estos medios puede aplicarse por la fuerza a los países libres, es necesario crear una mentalidad antinatalista que haga que sean las propias mujeres las que se convenzan de que el matrimonio y la natalidad dificultan o incluso hacen imposible que lleguen a "realizarse" libremente como personas. Una madre de familia, según esta nueva ideología, está sometida al varón, no puede trabajar fuera de casa, ha de dedicar todas sus energías y sus horas a sus hijos, etc. O sea, la maternidad debe ser considerada como lo más opuesto a la libertad de la mujer en todos los planos; más aún, la maternidad no sólo no es lo más propio de la mujer respecto del varón, sino que es un medio del que éste se sirve para someterla[100].

Lo que en el libro de Génesis aparece como una bendición –"creced y multiplicaos, llenad la tierra y sometedla"–, ahora se

---

100. "Creación de condiciones que conduzcan a la disminución de la fertilidad. Por sus propios méritos y de acuerdo con las recomendaciones del Plan de Acción Poblacional Mundial, se debe dar prioridad en el programa de ayuda general a políticas selectivas de desarrollo en sectores que ofrezcan la promesa mayor de un incremento en la motivación para lograr una familiar más pequeña. En muchos casos, serán necesarios programas piloto e investigación experimental para guiar futuros esfuerzos a gran escala. Los sectores preferenciales incluyen: a. Proveer niveles mínimos de educación, especialmente para mujeres; b. Reducir la mortalidad infantil, incluyendo redes de salud simples de bajo costo; c. Expandir el empleo asalariado, especialmente para mujeres; d. Desarrollar alternativas a (la visión de) los hijos como proveedores de seguridad en la tercera edad; e. Incrementar los ingresos de los más pobres, especialmente en áreas rurales, incluyendo la provisión de granjas privadas; f. Educación de las nuevas generaciones en lo deseable que es que existan familias pequeñas". INFORME KISSINGER.

propone como una "maldición". Si Dios había creado al ser humano "varón y mujer", si por eso "el hombre abandonará a su padre y a su madre, se unirá a su mujer y serán los dos una sola carne", el cambio que el feminismo del Nuevo Orden Mundial requiere es que la procreación sea valorada como un castigo y que, en cambio, el nuevo modo de valorar la masculinidad y la feminidad, se entienda de un modo opuesto al original. La maternidad será sólo una "opción", no precisamente buena, descartable e incluso externa a las relaciones sexuales. De este modo el "cuerpo esponsal" del varón y de la mujer deja de serlo[101].

A esto hay que unir la ideología marxista que, con la caída, en 1991 del llamado "socialismo real", había quedado privada de sentido. En la ideología de género, que nació en los EEUU, encontraron un cauce para su ideal de liberación. Para ello bastó sustituir al proletario por la mujer. El proletario estaba alienado por el capitalista; la mujer está alienada por el varón: la lucha de clases había que sustituirla por la lucha de sexos; abolir las diferencias haciendo que la mujer dejara de serlo. A partir de ahora el sexo sería sustituido por el género; si el sexo se debe a la biología, el género, en cambio, depende de la libertad. La liberación es, por tanto, doble: del varón y de la naturaleza humana.

---

101. "Existe la gran necesidad de convencer a las masas poblacionales que es para su ventaja individual e interés nacional tener, en promedio, sólo 3 y después sólo 2 niños. Hay poca probabilidad de que se pueda alcanzar este objetivo con amplitud contra el trasfondo de la herencia cultural de los adultos actuales, aún los adultos jóvenes, de entre las masas en la mayoría de los LDC. Sin disminuir de ninguna manera el esfuerzo en alcanzar a estos adultos, el incremento obvio de la atención debe ser el cambio de las actitudes de la siguiente generación, aquellos que están ahora en la escuela primaria o son más jóvenes. Si esto se logra hacer, sería posible indudablemente alcanzar los niveles de fertilidad y acercarse a los niveles de reemplazo en 20 años, y alcanzarlo en 30 años". Informe Kissinger.

Para la ideología de género el sexo no puede determinar el modo de ser y de pensar del hombre, ya que "viene dado", no se elige, y distribuye los roles del varón y de la mujer en la vida personal y social. Admitir que el sexo no es producto de la libertad acabaría inmediatamente con los propósitos del nuevo orden.

¿Cómo negar la evidencia más elemental y cambiarla por algo que, si depende de la libertad de cada uno, no puede imponerse a nadie? Una vez más nos encontramos ante la idea de que, quien no admita esta transformación, "será obligado a ser libre". Por tanto, la ideología de género debe imponerse por la fuerza; sólo así puede explicarse que se prohíba, a quien tenga una tendencia homosexual, acudir a médicos y psiquiatras –libremente– para corregir esa desviación que le hace sufrir; o que, en las escuelas sea obligatoria la enseñanza de la ideología de género, y, lo que es una auténtica tiranía, desde niños, en las escuelas, se les "anime" a "experimentar", ellos con ellos, ellas con ellas, ellos con ellas y ellas con ellos, todo tipo de relaciones sexuales, a sabiendas de que, de este modo, el niño y la niña que nunca habían tenido tendencia homosexual, llegaran a tenerla. Aquí, como en el rascar, todo está en comenzar. Y este comienzo es obligatorio, incluso al margen del criterio de los padres, los cuales, por principio, carecen ya de la patria potestad, cosa también muy importante porque sus hijos ya no serán más "sus" hijos.

La generación por medios artificiales se iguala a la natural; se "crea" un nuevo derecho, el derecho a tener un hijo, sea de un modo u otro, y el llamado "matrimonio homosexual" se iguala al matrimonio como institución natural entre un hombre y una mujer.

¿Cómo cambiar la "mentalidad" de todos sin que, aparentemente, se coaccione a nadie? Hoy hay medios que pueden ayudar poderosamente a conseguirlo. De entrada, mediante la "ingeniería social", o sea, usando los métodos que proponía el informe Kissinger más la propaganda marxista. Luego mediante las leyes: el Derecho en todos los campos: civil, laboral, penal, administrativo, privado y público, deportivo, etc. Así se logra una apariencia de libertad y democracia, pues se supone que el pueblo –el soberano– se da a sí mismo sus propias leyes[102].

Liberarse de la naturaleza humana, negarla o someterla con la "excusa" de que el hombre es un ser libre y la naturaleza, en cambio, no lo es y, por eso, supone una limitación, requiere un nuevo concepto de naturaleza, una nueva idea de la libertad y un modo nuevo de entender la "liberación" a nivel político. ¿Cómo ha sido posible llegar a esta situación en la que verdades elementales sobre el ser humano se han oscurecido hasta el punto de aparecer como inhumanas? Ha habido, por supuesto, mucho de propaganda y mucho dinero de por medio para que los medios de comunicación, profesores de todos los niveles, gobiernos, etc., hayan decidido hacerla propia y, lo que es peor, imponerla por la fuerza, mediante leyes educativas, penales, laborales, etc. Pero debe haber algo mucho más profundo, porque occidente ha renegado de sí mismo, hasta

---

102. San Juan Pablo II se preguntaba cómo ha sido posible que esta ideología se haya impuesto como una suerte de nuevo humanismo, y respondía: "después de la caída de los sistemas construidos sobre las ideologías del mal, cesaron de hecho en esos países las formas de exterminio apenas citadas. No obstante, se mantiene aún la destrucción legal de vidas humanas concebidas, antes de su nacimiento. Y en este caso se trata de un exterminio decidido incluso por parlamentos elegidos democráticamente, en los cuales se invoca el progreso civil de la sociedad y de la humanidad entera. Tampoco faltan otras formas graves de infringir la ley de Dios. Pienso, por ejemplo, en las fuertes presiones del Parlamento Europeo para que se reconozcan las uniones homosexuales como si fueran otra forma de familia, que tendría también derecho a la adopción. Se puede, más aún, se debe, plantear la cuestión sobre la presencia en este caso de otra ideología del mal, tal vez más insidiosa y celada, que intenta instrumentalizar los derechos del hombre contra el hombre y contra la familia". *Memoria e identidad*, 25.

el punto de querer "cambiar" su propia historia, de condenarla, por no haber aceptado desde el primer momento la ideología de género, etc. Se niegan libertades fundamentales y se las sustituye por unas nuevas "supuestas" auténticas libertades. Considerar que el matrimonio, la familia, la maternidad, etc., son contrarios a la libertad y que arruinan a la mujer, a la vez que se fomenta el sexo libre (reservando el derecho de admisión), el divorcio, el aborto (ahora considerado como un derecho inalienable), etc., implica no un cambio de paradigma, sino un oscurecimiento –entenebrecimiento– de la conciencia moral como no había ocurrido nunca. Occidente ha decido suicidarse pensando que así se llegará a la máxima libertad: ser cada uno dueño de sí mismo de un modo absoluto, sin límites, y no admitiendo siquiera que alguien pueda poner estas ideas en duda y menos aún negarlas. Esa libertad absoluta se alcanzará cuando se hayan eliminado todas las libertades personales y sociales, cuando un Nuevo Orden Mundial se haga cargo de la vida de todos y cada uno de los que antes eran ciudadanos pasen a ser siervos.

Para lograr un Nuevo Orden Mundial es muy importante suprimir la historia, reducirla, quitarla de los planes de estudio en la enseñanza media, barrerla, en una palabra. Y lo mismo ha de hacerse con los conceptos de patria y nación, ligados al de cultura, porque el pasado debe desaparecer de la mente del hombre nuevo. San Juan Pablo II lo entendió así: "si se pregunta por el lugar del patriotismo en el decálogo, la respuesta es inequívoca: es parte del cuarto mandamiento, que nos exige honrar al padre y a la madre. Es uno de esos sentimientos que el latín incluye en el término *pietas*, resaltando la dimensión religiosa subyacente en el respeto y veneración que se debe a los padres, porque representan para nosotros a Dios Creador. Al darnos la vida, participan en el misterio de la creación y merecen por tanto una devoción que evoca la que rendimos a Dios Creador. El patriotismo conlleva precisamente este tipo de actitud interior, desde el momento en que también la patria es verdaderamente una madre para cada uno. El patrimonio espiritual que nos transmite nos llega a través del padre y la madre, y funda en nosotros el deber de la *pietas*. Patriotismo significa amar todo lo que es patrio: su historia, sus tradiciones, la lengua y su misma configuración geográfica... La patria, pues, tiene una gran entidad. Se puede decir que es una realidad para cuyo servicio se desarrollaron y desarrollan con el pasar del tiempo las estructuras sociales, ya desde las primeras tradiciones tribales"[103].

Hasta tal punto es esto así –evitando incurrir en el nacionalismo–, que el papa añade: "parece que, como sucede con la familia, también la nación y la patria siguen siendo realidades insustituibles. La doctrina social católica habla en este caso de sociedades 'naturales' para indicar un vínculo particular, tanto de la familia como de la nación, con la naturaleza del hombre, la cual tiene carácter social"[104].

Los Derechos humanos, incluidos en la Declaración de 1948, han pasado a ser derechos de quita y pon; aparecen nuevos derechos –de segunda y tercera generación–, se eliminan unos y se cambian por otros... Y todo esto sin el más mínimo escrúpulo, y sin dar explicaciones: la libertad es lo primero y lo único, una libertad que no admite límites o, mejor, que debe contraponerse a la naturaleza humana, porque ésta la limita o incluso la aniquila. Además, se redactaron para poner límites al poder frente a los ciudadanos, no para que los gobiernos los "administraran" a su gusto, sino que debían "tutelarlos" y defenderlos. Ha ocurrido justo lo contrario: se han vuelto contra los ciudadanos y son un arma más del poder político.

103. SAN JUAN PABLO II, *Memoria e identidad*, 85-86.
104. Ibidem, 87.

Pero la verdad es que en este proceso la libertad está ausente. Una nueva ideología parece dispuesta a dar la batalla final contra el ser humano. ¿Se está realmente creando un nuevo hombre? En absoluto; se está destruyendo al hombre, es la "abolición del hombre"[105], y la creación de un animal guiado sólo por sus instintos, pero que ha sido manipulado, estabulado, criado y alimentado para ser llevado al matadero. Ninguna ideología moderna ha sido tan radical y tan poderosa como el Nuevo Orden Mundial que, además, tal y como ya se indicaba en el informe Kissinger, no tiene otra finalidad que la dominación de unas minorías sobre la humanidad entera. Cuando el nuevo hombre tenga que vivir de las subvenciones de la clase dirigente y no de su trabajo, se cerrará el círculo.

No es posible no recordar aquí una de las tentaciones de Jesús en el desierto, cuando Satanás le mostró todos los reinos de este mundo y le dijo: todo me pertenece, y todo esto te daré si postrado me adorares. El dominio absoluto –la autonomía– sólo se logra si, previamente, se renuncia a ese dominio y esa autonomía. Todas las utopías acaban en totalitarismos, y no puede ser de otro modo, ya que requieren previamente acabar con todas las libertades. Sin una "naturaleza" como principio y como norma, no cabe más que la arbitrariedad de los "dirigentes" que, mediante la ingeniería social, imponen como normal, o sea, como natural, lo antinatural. "Parece arduo aspirar a un futuro deseable, o siquiera un futuro posible, porque el totalitarismo es más bien la negación del futuro... Por otra parte, la utopía es jugar a no se sabe qué"[106].

---

105. Título de una conocida obra de C. S. Lewis en la que expone lo ridículo y contradictorio que es negar la verdad y sustituirla por las "impresiones y emociones" subjetivas, como lo único conocido por el hombre.
106. POLO, L., *La originalidad de la concepción cristiana de la existencia*, 266-267.

En concreto, ¿cómo será el diseño del cuerpo humano según esta ideología? Sólo hay una cosa clara: el ser humano, sin sexo, será pura sexualidad; sustituir sexo por género no supone suprimir el primero sino, al contrario, convertir el mundo en un burdel en el que todo vale. Ya no se habla de "pan y toros" para tener contenta a la masa, sino de sexo libre. Con esto es más que suficiente, porque el hombre queda reducido a la condición de bestia o, peor, inferior a las bestias, pues ya advertía Aristóteles que si se pone la inteligencia y la voluntad al servicio de los instintos, el resultado es espantoso, porque "sin virtud, [el hombre] es el ser más impío y feroz y el peor en su lascivia y voracidad", [107] y también: "comparar un animal con un hombre con respecto al vicio, es comparar algo inanimado con un ser animal; pues la maldad de lo que no tiene principio de acción es siempre menos dañina, y el principio aquí es la mente... Un hombre malo puede hacer mil veces más daño que un animal"[108]. Es, pues, una experiencia universal, no una teoría, con valor para todos y siempre.

Los experimentos para cambiar el cuerpo humano, ya sean de cambio de sexo o de otro tipo, han fracasado, pero está prohibido decirlo. El hombre no "tiene" un cuerpo que pueda tunear a su gusto y "adaptarlo" continuamente a sus caprichos o deseos. El cuerpo no es una "posesión" sino que forma parte también del ser del hombre. Poner la libertad o la conciencia individual por encima de la realidad, actuar "como si" el sexo no tuviera importancia porque cada uno se autodetermina respecto de su "género" es un engaño que da lugar a contradicciones y a situaciones ridículas. Veámoslo.

"La identificación del yo, ¿es unívoca o equívoca? Según el parecer de muchos, es equívoca, y se manifiesta al menos en tres planos diversos.

---

107. ARISTÓTELES, *Política*, I, 2, 1253a.
108. ARISTÓTELES, *Ética a Nicómaco*, VII, 6, 1150a.

"El primero es el plano de la *identidad sexual,* que tiene una objetividad natural: la presencia de los cromosomas XY o XX en las células, la conformación de los genitales externos, la presencia de órganos encaminados a la producción de las células germinales, la secreción de hormonas específicas, etc., son todos signos *objetivos* de la identidad sexual, del mismo modo que su alteración es signo de patologías de mayor o menor gravedad.

"El segundo plano es el de la *orientación sexual,* y se refiere a la atracción pulsional, que puede dirigirse hacia personas del propio sexo (el problema de la homosexualidad sólo se plantea en este plano) o hacia otros objetivos de diversa naturaleza (pedofilia, zoofilia, necrofilia, dendrofilia, fetichismo, etc.).

"El tercer plano, del que se ha tomado conciencia en los últimos decenios, es el de la *identidad de género.* Este se refiere *a cómo se identifica una persona a sí misma en su propia mente,* o más propiamente, a como una persona *decide identificarse.*

"El primer y segundo plano se refieren a una dinámica de hetero-determinación, al *destino;* el tercer plano se refiere a la autodeterminación, a la *elección".* ¿Puede la autodeterminación cambiar la realidad, imponerse como la "verdad" sobre el propio ser?

"¿La "visión" que de nosotros tienen los demás es indiferente, irrelevante e incluso falsa si no coincide con lo que "subjetivamente" piensa cada uno sobre sí mismo? El hecho es que "en esta línea se mueven los *Gender Studies.* Pretenden imponer y canonizar como diferencia no sólo empírica sino científica la existente entre la perspectiva *sexual* —radicada anatómicamente, biológicamente y productora de múltiples elaboraciones simbólicas— y la perspectiva de *género,* pensada como construcción metabiológica, libre y subjetiva de la identidad. Los *Gender Studies* han conseguido una amplia atención. Sin embargo, es un hecho que la pretensión de que las diferencias biológicas entre los sexos sean irrelevantes respecto de los significados sociales que es posible atribuirles y respecto de la identidad personal que pueda ser cultivada por los seres humanos como sujetos *sexuados,* no ha logrado imponerse a nivel de sentido común, y ha conseguido exclusivamente victorias mediáticas, sociológicamente fuertes a la vez que teóricamente irrelevantes. Por resumir la cuestión, más allá de todos los debates sobre el *Gender,* 'sólo las mujeres reales pueden parir hijos'".

En el fondo lo que está en juego no es la identidad sexual, de género o como se le quiera llamar: "algunos estudiosos, incluso simpatizantes con los *Gender Studies,* comienzan a pensar que el del género es *un modelo de transición,* cuya función podría reducirse fundamentalmente a desquiciar la idea tradicional según la cual el género humano se cualifique a partir de una obligada vocación *genealógica,* como respuesta al precepto bíblico de *creced y multiplicaos.* El objetivo último de los *Gender Studies* consistiría por tanto en cancelar la imagen del hombre como *animal familiar.*

"En el horizonte postmoderno, la relación entre sexos estaría por tanto destinada a *desmaterializarse,* dada la imposibilidad de continuar pensándola radicada en una lógica *fisicista.* La tradicional polaridad sexual masculina/femenina se vería cancelada, para ser sustituida por la lógica del *continuum;* habría que reconocer definitivamente en el individuo la característica de *sujeto nómada íntimamente poseído por una lógica de mutación".* Es decir, toda la discusión sobre la distinción entre sexo y género debe enmarcarse en el propósito de la "deconstrucción" del ser humano tal como viene a la existencia de un modo "natural": sustituir la familia por algo tan indeterminado como la mutación, no de la naturaleza, sino de los deseos o la ideología. Paternidad y maternidad deben ser rechazados si se quiere que el hombre se haga a sí mismo.

Nos encontramos ahora en un nuevo terreno que, indefectiblemente, da lugar a una indeterminación no sólo perjudicial, sino alienante para quienes defienden esta postura, ya que "los problemas antropológicos, jurídicos y sociales de estos nuevos modelos son evidentes. Si se impusieran definitivamente, se abriría un espacio abierto a nuevas perspectivas *constructivistas,* de las que debería hacerse cargo la sociedad y el ordenamiento jurídico, en nombre de un obligado (¡) respeto a las nuevas modalidades de afirmación de la identidad personal: la legalización del matrimonio homosexual sería sólo el primer paso para la legalización de la *homoparentalidad,* para ulteriores (si bien en el estado actual muy poco precisadas) formas de jurisdicción de la relación hombre/animal, así como para la definitiva remoción del sistema ordenado de todo marcador sexual: la afirmación de un *yo asexuado* (o bien de un yo libremente *polisexuado,* que es esencialmente lo mismo) sería la frontera de la completa liberación social de la subjetividad y del eros, a lo que seguiría el comienzo de la nueva era del *poliamor*".

"Definir o, mejor, identificar a alguien, sería una tarea imposible, puesto que sólo él puede decir, en cada momento, "cómo se siente", cuál es su identidad. Esta indefinición sólo puede llevar a la dictadura, a que cada uno sea lo que el poder diga que es, porque "el constructivismo puro, cuando acaba por imponerse como modelo social, muy raramente se manifiesta como custodio y amigo de reclamaciones individualistas de autodeterminación (según las ingenuas ilusiones de los constructivistas); con más frecuencia llega a ser coherentemente funcional con la lógica impersonal del poder.

"Si la identidad personal no es más que el fruto de un proceso, desvinculado de toda raíz natural, no se ve la razón por la que este proceso no pueda ser, además de autodeterminado, también –y con mayor probabilidad– *heterodeterminado.* La autodeterminación –palabra mágica de la modernidad biopolítica– presupone un sujeto en grado de autodeterminarse; pero si se sostiene que el yo no tiene una naturaleza propia, si la vida no se entiende ya como el fondo inaccesible de la individualidad, sino que se sustrae a la naturaleza y se confía a los mecanismos de gestión del sistema biomédico, no hay ninguna razón para que no deba ser legítimamente pensada a partir de los inescrutables intereses del poder político".

No es una mera hipótesis lo que se plantea en estas palabras, sino que, como se está comprobando, está ocurriendo desde que esta ideología se hace pasar por "lo políticamente correcto" y, por tanto, como pensamiento único. "En realidad, los que quieren defender *el derecho a la identidad sexual* como un incuestionable *derecho de elección* de la propia identidad, se ven obligados a postular una identidad de la persona, aunque sea de carácter *metasexual,* que constituya su inalterable sustrato; tienen que postular nuevas formas de identidad, determinadas no biológica o morfológicamente, sino voluntarísticamente; identidades que tendrían el derecho de ser reconocidas de modo incondicional, y sobre las cuales el poder político no tendría nada que decir.

"Pero si la determinación del *Gender* es *voluntarista,* queda sin resolver el problema de cómo pueda ser reivindicada individualmente como *absoluta y no negociable:* la modernidad –para tomar una lúcida intuición de Foucault– no sabrá ya qué hacer con las *personas* (en sentido moral) y con los *sujetos* (en sentido jurídico, es decir, como sujetos *de derecho),* una vez que la identidad no se considere un *presupuesto,* sino un *producto".* El hombre nuevo, obra del propio hombre, no puede ser, por eso mismo, "autónomo, puesto que es un "producto" de otros hombres –del poder–, que serán, en última instancia, los que decidan por uno. Además, los "productos" son siempre "medios", no fines, de modo que la dignidad de la persona necesariamente tiene que desaparecer. No es ninguna exageración, por tanto, concluir que el ideal de autodeterminación es imposible, lleva al solipsismo, a la soledad absoluta, al nihilismo: "es realmente mortal toda forma de absolutización subjetivista del yo: es la absolutización que en el ámbito familiar se transforma en la opción por la *esterilidad voluntaria;* en el campo económico toma el nombre de *capitalismo salvaje;* en el campo étnico asume el rostro inquietante del *racismo;* en el campo religioso se presenta como *fundamentalismo;* en el campo bioético reclama el nombre de *gestión privada del cuerpo* (desde el aborto hasta la eutanasia, de la manipulación genética al comercio de órganos); en el campo filosófico se manifiesta como *solipsismo,* y finalmente en el campo antropológico se expresa como *negación de la naturaleza sexual.*

"Todas las experiencias, individuales o colectivas, en las que se difumina u oculta la percepción de la alteridad no son experiencias de libertad, sino de servidumbre, no contribuyen a la afirmación de la persona, sino a su aniquilación"[109]. No es que lo que piensen los demás –lo que ven y conocen– nos quite la libertad, nos someta a sus puntos de vista, es que no hay otro modo de saber quiénes somos si hemos de vivir en sociedad. E incluso si no se desea prestar atención a lo que los demás piensan sobre la propia identidad, ésta sería irrelevante para el sujeto[110].

No es posible, por tanto, liberarse de la naturaleza. No es que no seamos libres porque la naturaleza nos lo impida; al contrario, la naturaleza es el suelo en el que puede arraigar la libertad, salvo que por libertad se entienda la indeterminación, la espontaneidad y, en definitiva, el dominio de los instintos, es decir, de la naturaleza. Por tanto, "una ciencia que con vistas al sometimiento de la naturaleza prescinde de toda consideración teleológica no puede al mismo tiempo pretender determinar por sí misma para qué es ella

109. D'AGOSTINO, F., *Ideología de género y persona. Voluntarismo y dominio.* En "Studi Cattolici", n. 643, septiembre 2014, pp. 580-584.
110. "Sin otra persona el conocimiento personal es imposible. Un hombre se puede conocer en el orden de la *esencia,* pero ese conocer de sí mismo no es la persona que él es… Somos personas, pero somos personas distintas. Estamos unidos en el plano de la *naturaleza* y de la *esencia* humana, pero somos distintos como *personas,* porque cada uno es creado '*ex novo*'". POLO, L., *Epistemología, creación y divinidad,* 280.

buena. No puede determinar en absoluto para qué es buena ninguna cosa. Es más, ni siquiera puede juzgar su propio desarrollo bajo la perspectiva del bien"[111]. La pérdida de la conciencia moral es una consecuencia necesaria del intento de crear artificialmente al hombre; pero, sin conciencia de sí y sin conciencia moral –al menos potencialmente si están impedidas por enfermedad u otro motivo–, no puede hablarse del ser humano. No es extraño, por eso, que el Nuevo Orden Mundial propugne la negación de la objeción de conciencia; de este modo la deshumanización se ha completado.

---

111. SPAEMANN, R., *Ensayos filosóficos*, 152.

8

El hombre como ser personal

¿Qué quiere decir "persona" y por qué es tan importante este concepto –mejor, esta realidad–, si se quiere comprender quién es el hombre y por qué no cabe fabricarlo artificialmente? Tanto la noción como el término "persona", usado por los pensadores medievales cristianos, desaparece en la filosofía moderna. *Res cogitans*, yo, sujeto, *Dasein*, etc., sustituyen al término usado anteriormente. Este cambio o sustitución no es algo accidental, mera cuestión de palabras. Aquí no puede decirse que *sapientibus enim est non disputare de nominibus*[112]. Tan es así que "la historia del concepto de persona es la historia de un rodeo, cuya exposición nos introduce momentáneamente en el núcleo de la teología cristiana. Lo que hoy denominamos 'persona', sin la teología cristiana, hubiera quedado sin nombrar, y no hubiera estado presente en el mundo (las personas no son simplemente acontecimientos naturales). Esto no significa que el empleo del concepto 'persona' tenga sentido solamente bajo determinados supuestos teológicos, aunque se puede pensar que la desaparición de la dimensión teológica

---

112. SANTO TOMÁS DE AQUINO, *In II Sent.*, 3, 1, 1, Resp.

provocaría a la larga la desaparición del concepto de persona"[113]. Y esto es, efectivamente, lo que ha sucedido. En la teología y en los Símbolos de fe, se habla de Personas divinas, distintas realmente pero que son un solo Dios. El término está tomado del teatro, en el que "persona" designaba lo que hoy llamaríamos el "personaje" que encarna un actor; el actor puede ser sustituido por otro, pero el personaje –la persona– sigue siendo la misma si se representa la misma obra de teatro. En Dios hay una sola substancia o naturaleza, que subsiste en tres Personas distintas, que se distinguen entre sí por sus relaciones de oposición, relaciones de origen: paternidad, filiación, expiración pasiva. Cada una de ellas las distinguimos mediante lo que los medievales llamaron "nociones"; hay nociones propias y exclusivas de cada una de ellas. Las Personas divinas no son "personajes", roles distintos desempeñados por la única substancia, sino realidades subsistentes en la unidad de una única substancia, "y como los latinos llaman *personas* y los griegos *hypóstasis* a las cosas subsistentes en una naturaleza racional, los latinos dicen que en Dios hay tres Personas y los griegos tres Hypóstasis, el Padre, el Hijo y el Espíritu Santo"[114].

También en cristología se distingue entre la Persona del Hijo y las dos naturalezas –humana y divina– del Verbo Encarnado.

En filosofía la persona fue definida por Boecio como "substancia individual de naturaleza racional"; Santo Tomás sustituyó "sustancia" por "supuesto" (*suppositum*) para salvar la unidad de substancia en Dios, es decir, para no decir que las tres Personas divinas son tres dioses. Aun así, el término –advierte santo Tomás– ha de usarse con cuidado, de modo análogo, según se aplique a Dios o a las criaturas racionales.

113. SPAEMANN, R., *Personas*, 38.
114. SANTO TOMÁS DE AQUINO, *Compendio de teología*, cap. 50, n. 87.

¿Qué importancia tiene todo esto a la hora de entender al ser humano? Una primera aproximación, basada en la experiencia, nos proporciona una pista importante: "quien dice 'yo', existe... Pero ¿qué significa 'existe'? ¿Quién es el que dice 'yo' y existe, y qué clase de individuo es? Es posible que el que dice 'yo' no lo sepa o que se engañe al respecto. 'Yo' se refiere al que dice 'yo', independientemente de lo que sea. Esto no debe entenderse en el sentido de que 'yo' aluda a una *res cogitans*, o a una existencia sin realidad, que, de nada, por así decir, se hace algo determinado, real. Esto es una errónea interpretación del fenómeno. No es casual que el que padece amnesia pregunte: '¿quién soy?, ¿dónde estoy?'. Supone, pues, que no es un 'yo', sino un alguien constituido de una manera determinada que se halla en algún lugar del mundo. Por *tener* conciencia sabe que no *es* solamente conciencia. Pero el saber que le hace saber *que es* precede a su conocimiento acerca de quién es y dónde está. Su autoidentificación no se la proporciona ninguna determinación cualitativa. Sé que tengo una esencia determinada de algún modo y constituida de un modo preciso. Pero yo no *soy* inmediatamente esa esencia... El hombre no es lo que es del mismo modo que las demás cosas con las que nos encontramos. Hablar de 'personas' tiene que ver con este fenómeno"[115].

Aquí se habla de "conciencia", pero de algo también más profundo. Ningún animal posee intimidad, ninguno puede, por ejemplo, juzgarse a sí mismo, recapacitar, etc. Por lo pronto, "el individuo que existe así no se puede describir adecuadamente con ninguna descripción posible. Con otras palabras: su denominación no puede ser sustituida por ninguna descripción. La persona es *alguien*, no *algo*, no un mero caso de una esencia indiferente frente a él"[116]. Persona es "existencia, no esencia". O, de otro modo,

115. SPAEMANN, R., *Personas*, 30-31.
116. SPAEMANN, R., *Personas*, 48.

"los hombres existen distinguiendo su ser de su *modo* determinado de ser, o sea, de una determinada 'naturaleza'. Los hombres no son simplemente su naturaleza, su naturaleza es algo que ellos tienen. Y este tener es su ser"[117].

Se puede manipular la naturaleza, ya sea para bien –curarla, por ejemplo– o para mal; pero no cabe manipular el ser; a lo más, se puede impedir que la naturaleza sea la manifestación del ser, pero quitar o cambiar el ser es la muerte. *"Quiénes* somos no se identifica evidentemente con *lo que* somos"[118]. Otro modo en que se manifiesta la distinción entre ser y esencia en el hombre es que esta "diferencia define nuestra existencia aun cuando no reflexionemos. Ella hace posible la reflexión, no se basa en ella. La reflexión es volver sobre sí. Pero la diferencia se puede describir asimismo como salir de sí, o 'posición excéntrica'... Lo característico de esta posición no es tanto decir yo, como hablar de sí mismo en tercera persona". Es lo que ocurre cuando juzgamos nuestra conducta, o intenciones, por ejemplo, y cuando nos arrepentimos.

Estas constataciones son suficientes para descalificar el ideal moderno de autonomía y, en concreto, la ideología de género y el Nuevo Orden Mundial; aquí hay siempre unos "ideólogos" que suplantan a las personas: sólo ellos saben qué son y saben cómo deben ser los demás. Para el ideólogo los demás son cosas, objetos maleables según un diseño extrínseco. Sin embargo, "el hombre siente, dirigida a él, la mirada de lo otro, la mirada de los otros, la mirada de cualquier otra cosa posible, la mirada desde ninguna parte. El que el hombre experimente esta mirada, sepa o crea saber de ella, impide entenderlo como mero sistema orgánico, que constituye un medio en el que todo lo importante que sucede está instalado relativamente a las propias necesidades sistémicas. Los

117. SPAEMANN, R., *Personas*, 49.
118. SPAEMANN, R., *Personas*, 32.

hombres, fuera de su centro orgánico, están en una dimensión en la que no se decide 'por naturaleza' qué es lo que tiene importancia ni en qué es en lo que consiste la importancia"[119]. Aunque sea inevitable, debido al lenguaje, hablar de "personas", en plural, lo cierto es que cada persona es un *quién*. Cuando se las trata en "manada", necesariamente se las está tratando como si no fueran personas. A la vez, "la noción de 'persona única' es incoherente. Por eso la persona es incompatible con el monismo. Más aún, una única persona sería la tragedia pura. Lo peor para el ser personal es aislarse o ensoberbecerse, pues el egoísmo y la soberbia agostan el ser donal. Por consiguiente, no basta decir que el hombre es un *sujeto*: se ha de ir del sujeto al *yo*, y del yo a la *persona*"[120]. Ni género ni individuo; "la persona es *co-existir* –intimidad abierta–, *libertad, luz intelectual, amar donal*"[121].

Ya se vio que la noción de persona tiene su origen en la teología, pero se puede y debe aplicar al ser humano siempre y cuando se distinga entre Creador y criatura. "La libertad se convierte con la noción de persona, además de en Dios, '*in personis creatis*'. No hay espíritu ni libertad impersonales, ni tampoco propiamente genéricas. Persona significa *quién*, por lo que la libertad de las distintas personas no puede entenderse como una noción común. La libertad humana es la libertad de cada quién"[122].

Persona es intimidad abierta, porque "una intimidad no es una relación consigo… La intimidad como pura relación consigo sería una cárcel que conduce a la desesperación. El que así piense, si es un poco lúcido, terminará dándose cuenta de que uno no es una

119. SPAEMANN, R., *Personas*, 35-36.
120. POLO, L., *Epistemología, creación y divinidad*, Eunsa, Pamplona, 2014, 206.
121. POLO, L., *Epistemología, creación y divinidad*, 207.
122. POLO, L., *Epistemología, creación y divinidad*, 210.

relación consigo"[123]. La libertad no es una concha en la que uno pueda encerrarse; al contrario, "la libertad no es algo que el hombre *tenga*, sino que radica en su ser... Ser libre es *ser libre respecto de Dios*. No es librarse de Dios, ni ser dueño de los propios actos respecto de un fin distinto de Dios. La libertad está en lo más profundo de mi *ser*. Primariamente, es el *'esse hominis'*. Libertad creada, propia del que se sabe hijo de Dios. Tal libertad se pierde si se niega el carácter filial, cuando se pretende ser autor de sí mismo, autorrealizarse, transformándola así en una libertad indeterminada, que no se destina. Al aceptarse uno como es –como persona– se da cuenta de que depende de Dios –todo lo ha recibido de Él–"[124].

No es éste un descubrimiento actual, o un modo de escapar de las mil aporías de las teorías modernas acerca de la libertad y de la persona. Su raíz es cristiana, y se puede encontrar, por ejemplo, en santo Tomás de Aquino, que escribió lo siguiente, al preguntarse si "puede darse en alguien el pecado venial con el original solo", y responde: "es imposible que el pecado venial se dé en alguien con el pecado original sin el mortal. La razón de ello es que antes de llegar a los años del discernimiento, la falta de edad –que impide el uso de la razón–, le excusa (a uno) de pecado mortal; por lo tanto, le excusará mucho más del pecado venial si comete algo que por su género sea tal. Mas cuando hubiere empezado el uso de la razón, no es excusable de la culpa de pecado venial y mortal. Pues lo primero que entonces le ocurre pensar al hombre es deliberar acerca de sí mismo. Y si en efecto se ordenare a sí mismo al fin debido, conseguirá por la gracia la remisión del pecado original. Mas si, por el contrario, no se ordenare a sí mismo al fin debido, en cuanto es capaz de discernimiento en aquella edad, pecará mortalmen-

---

123. POLO, L., *Epistemología, creación y divinidad*, 216-217.
124. POLO, L., *Epistemología, creación y divinidad*, 215-216.

te no haciendo lo que está en sí. Y desde entonces no habrá en él pecado venial sino el mortal, a no ser después que todo se le fuere perdonado por la gracia"[125]. Por si quedara alguna duda, al responder a una de las objeciones insiste en su postura: "el niño que empieza a tener uso de razón puede contenerse por algún tiempo de otros pecados mortales; pero no se libra del susodicho pecado de omisión si no se convierte a Dios tan pronto como pueda. Pues lo primero que le ocurre al hombre que llega al uso de la razón es pensar acerca de sí mismo y a quién (debe) ordenar todas las otras cosas como a su fin, pues el fin es lo primero en la intención. Y por eso éste es el tiempo para el cual está obligado por el precepto divino afirmativo, en el que el Señor dice: *volveos a Mí y Yo me volveré a vosotros* (Zac 1, 3)"[126].

Hay que insistir en que lo que se dice en estos textos no es una ocurrencia; para ello hay que tener presente que "la persona a la que aquí se alude no es sujeto en sentido moderno"[127]. En concreto, "esto es algo que atormenta al planteamiento moderno de la subjetividad. Yo creo que lo que Kant llama el *mal radical* va por ahí. Cuando Fénelon intenta lo que él llama el *amor puro,* quiere evitar esto. Pero cabría sugerirle que si procede así se ha quedado solo; por tanto, nada de amor puro; intimidad libre. Y esto no es un mal radical; no es que esté atraído por mi propia subjetividad de tal manera que no pueda hacer ningún acto de generosidad; al revés, sólo así puedo hacerlo. ¿Qué es lo que entrego si doy? Mi intimidad. Si hubiera que dar de otra manera, me quedaría sin nada y en el mismo acto de dar dejaría de ser... Intimidad significa dar, es el ser como *don: donatio essendi*"[128].

125. SANTO TOMÁS, STh., I-II, q. 89, a. 6.
126. Ibidem, ad 3.
127. POLO, L., *Persona y libertad*, Eunsa, Pamplona, 2007, 144.
128. POLO, L., *Persona y libertad*, 151-152.

Negar que el ser humano es engendrado y proponerse acabar con la generación, es una locura, no una utopía, sino un deseo imposible. "El hombre es un ser que nace, y su condición al nacer es la de ser muy frágil. Lo primero se refiere a la noción de *hijo*, lo cual de ninguna manera es una trivialidad, o algo que pueda darse por sabido. Desde luego, lo normal es que tengamos conciencia de que nacemos, no de la nada, sino que nacemos *de*: tenemos *progenitores*. En esto ya nos distinguimos de los animales y de los vegetales... *La conciencia de la filiación es exclusiva del ser humano*"[129].

Si abandonamos la ciencia ficción propia de las ideologías, no hay más remedio que aceptar que "el hombre es *radicalmente* hijo, pero no es radicalmente padre. Es obvio que sin padres humanos no hay nueva generación, pero los padres humanos ponen algo de la realidad del hijo, aunque no todo. El *alma humana espiritual* no procede de los padres humanos. Por tanto, se puede decir que éstos participan de una paternidad más alta, que es la *paternidad divina*. Así tenemos que *desde el inicio de su existencia el ser humano ya está vinculado a Dios... El Padre por excelencia es Dios*"[130].

Se pueden negar las evidencias; las ideologías lo hacen por principio: parten de un "presupuesto" que consideran incuestionable y, por tanto, intocable; y, a partir de ese presupuesto, desarrollan una antropología, una sociología, una teoría política, etc. Si alguien pretende poner en duda el punto de partida, se le descalifica; el "principio" no se discute, o dejaría de ser principio. Si es absurdo, irreal, fantástico, da igual: es el principio. Puestos a negar la creación, se han desarrollado doctrinas evolucionistas, que han tenido que ser corregidas y completadas con el descubrimiento de

---

129. POLO, L., *Ayudar a crecer. Cuestiones filosóficas de la educación*, Eunsa, Pamplona, 1ª reimpresión, 2007, 42.

130. POLO, L., *Ayudar a crecer. Cuestiones filosóficas de la educación*, 42-43.

la genética; pero no han llegado a ninguna conclusión "científica", hasta el punto de que se han ampliado con la idea de que el origen de la vida –al no poder estar en la tierra– hay que buscarlo en el universo; quizás en algún meteorito o algo semejante. Esto, en principio, es una mera hipótesis, porque si no conocemos cómo puede llegar a "formarse" la vida en la tierra, mucho menos podemos saber cómo fue posible en otros mundos desconocidos, y cómo pudo llegar a nuestro planeta. Pero el ideal de autonomía pretende renunciar a cualquier origen que no sea uno mismo. "La idea de que el hombre se lo debe todo a sí mismo es contraria a la noción de filiación, pues el que procede *de*, no se lo debe todo a sí mismo, sino que se lo debe todo a aquél del cual procede. Renunciar al carácter filial tiene consecuencias muy notorias. Ello no es indiferente ni tiene poca importancia, pues lo que se registra en la historia humana no es un *olvido* de la filiación, sino una *rebeldía*, un *no querer aceptar ser hijo*. Quizá sea éste el pecado más característico de nuestros días, aunque haya sido antecedido por otra falta grave: *el no querer ser padre...* Según esto *el hombre no nace sino que se hace*"[131].

El planteamiento moderno ha dado lugar, entre otras, a una consecuencia inevitable: no es posible explicar la intersubjetividad. Las teorías modernas sobre el origen de la sociedad, sobre su organización, la autoridad, el derecho, etc., o bien acuden a "mecanismos" –la sociedad como artificio– que, por su misma dinámica, lograrían la paz social, etc., o bien a colectivismos en los que el ser humano se diluye. En ambos casos la buscada "autonomía" es imposible.

Pero si se atiende a la realidad, a que el hombre posee intimidad –que es mucho más que inmanencia, o poder hablar consi-

131. POLO, L., *Ayudar a crecer. Cuestiones filosóficas de la educación*, 44-45.

go mismo, o juzgarse desde fuera–, entonces debe aceptarse que dicha intimidad es "apertura": apertura interior y hacia dentro y, que, por tanto, el hombre "necesita" de otra u otras personas", porque está creado para co-existir y no sólo para existir. Veamos cómo se manifiesta la co-existencia.

"El sentido metafísico del ser es principial. El ser humano se descubre más tarde, no en tanto que transobjetivo, sino en tanto que transoperativo. Por eso cabe decir que el ser humano se *añade*, o que es el ser segundo. Ello autoriza a llamarlo *co-ser*"[132]. Si el obrar sigue al ser, el obrar humano –en este caso el pensar– no es su ser; por eso debe hablarse de un más allá del objeto pensado –lo transobjetivo– y lo más acá del acto de pensar: lo transoperativo. Y esto no puede decirse del conocimiento animal, porque en el animal el conocimiento (sensible) es una función vital, mientras que en el ser humano –por poseer intimidad– es una operación que depende de la persona, del co-ser. "El hombre añade al existir precisamente el co-existir"[133].

Pero el hombre no co-existe consigo mismo; eso no sólo no es co-existir sino que sería contradictorio, porque "cerraría" la coexistencia. Por tanto "la apertura interior es el descubrimiento de lo que he llamado carencia de réplica, y se dualiza con la apertura hace dentro, que es el descubrimiento de que esa carencia no puede ser definitiva. El descubrimiento de la carencia de réplica no comporta la anulación de la co-existencia. Por eso se dualiza sin más con el descubrimiento de la actividad; de lo contrario, desembocaría en la nada. En suma, el descubrimiento de la intimidad como apertura interior es inseparable del valor activo, libre, de la co-existencia. Sin el descubrimiento

---

132. POLO, L., *Antropología trascendental*, Obras completas, XV, Eunsa, Pamplona, 2016, 42.
133. POLO, L., *Antropología trascendental*, 43.

de la libertad, la carencia de réplica anularía por completo la co-existencia"[134].

Buscar el "principio", la "arjé", fue el comienzo de la filosofía. El pensamiento moderno pretende comenzar sin presupuestos; así lo intentó Descartes con la duda universal metódica, y también Kant cuando antepuso la crítica de la razón al inicio –si fuera posible– de la metafísica; También Hegel lo intentó... Pero esto es un "proyecto" voluntarista opuesto a la evidencia más inmediata: no podemos ser conscientes si no estamos *ya* pensando; adelantarse al pensamiento, estar vigilantes, estudiarlo antes de ejercerlo, no son posturas "neutrales" o propias de quienes buscan la verdad. Si la voluntad se anticipa a la razón, sólo puede hacerlo de un modo irracional, fruto de una "actitud" que antecede a todo el proceso, y esto porque «el acto de conocer no es una decisión... Cabe decidir conocer o no conocer, dirigir la atención a esto o a lo otro. En cualquier caso, la decisión abre paso a que la facultad pase al acto, influye en ella, pero no es un ingrediente constitucional del acto. Más aún, sin un conocimiento antecedente, el sujeto no pasa a constituir la decisión. La constitución subjetiva de un acto requiere como condición previa otro acto del cual el sujeto no es factor constituyente. Esta es la articulación primaria de la voluntad y el conocimiento. Admitir que se conoce porque se quiere es simplemente ridículo: la voluntad carece de cualquier poder a este respecto»[135].

Se ha dicho que el ser humano es una intimidad abierta; esta apertura no puede ser clausurada, porque en ese momento también lo sería la intimidad. La inteligencia, no ya la facultad intelectual esencial humana, sino el "intelecto personal" con el que la intimidad se abre, es una luz transparente que debería conocer

134. POLO, L., *Antropología trascendental*, 232-233.
135. POLO, L., *Curso de teoría del conocimiento*, I, O.C., IV, 2015, 98-99.

su "réplica" y que, sin embargo, no la encuentra, puesto que el hombre carece de ella. En su interior lo que conoce es que debe buscar, co-existir. Sin prejuicios, pero sin presupuestos. Cuando se cree partir de cero, en realidad ya se ha introducido una "actitud" contraria a la inteligencia, algo irracional que deformará todo lo conocido. «El término (actitudes subjetivas) designa la asunción de una tarea de esclarecimiento que versa sobre datos no controlados (algo así como un material previo a la actitud), con los que el sujeto se encuentra, y ante los que reacciona para imponerles un proyecto de comprensión. Lo más peculiar de una actitud es este dualismo entre aquello con que se cuenta 'en bruto' y el dinamismo aplicado para entenderlo. Como es obvio, el esclarecimiento que se busca consiste en la *presentación* estricta de lo dado 'en bruto': un paso de lo dado, pero no presente (o presente pero no entendido), a la presencia. Aquí presencia significa: lo que el sujeto aporta para aclarar, o el dominio subjetivo sobre datos. Así pues, la actitud admite que la presencia mental es una aportación subjetiva separada *a priori* de lo dado y capaz de serle impuesta»[136].

Imponer una "aportación subjetiva" nunca puede ser "comenzar a pensar". Por tanto, decir que el ser humano, en un primer momento, se reconoce como criatura –como hijo de Dios– no es más que admitir que su ser le ha sido dado como un don. Aceptarse como creado es, por eso, aceptarse a sí mismo como ser libre dependiente de Dios. Si esta aceptación no se da, el hombre se rebela contra Dios, pero, al mismo tiempo, contra sí: no se acepta como es, tampoco acepta que su libertad "nativa", es un don (que es él mismo) del que debe hacer uso "destinándose" a devolverlo mediante la búsqueda de Dios y la constitución de un don no personal –por carecer de réplica– que debe realizar con su vida, la cual cobra así sentido en todas sus dimensiones.

---

136. POLO, L., *Curso de teoría del conocimiento*, III, OC., IV, 2016, 143.

El "seréis como dioses" es, pues, la no aceptación de sí mismo, vivir en un continuo desasosiego, transformarse en voluntad de poder, transmutar todos los valores, curvarse hasta encerrarse en su interior, en el que nunca podrá encontrar lo que busca. La intimidad, el co-ser, no puede actuar directamente, pues "por ser criatura la persona humana, su actividad de existir no puede desplegarse desde sí misma, en su intimidad. En sí misma, no es una actividad inane: pues está abierta al futuro, y se lanza en busca de réplica y aceptación; pero es más bien ineficaz: no puede desplegarse en su intimidad y dirigirse ella sola hacia su culminación. Pero lo que sí puede es manifestarse, exteriorizarse y obrar hacia fuera de sí misma: su fecundidad es la misma esencia humana que brota de ella, y que consiste en el perfeccionamiento de la naturaleza recibida"[137].

Hay que distinguir, sin separar, la persona de su naturaleza –la naturaleza humana–. La naturaleza es la manifestación de la persona. Quizás ahora se entienda por qué en el cristianismo el hombre se consideró como "persona": es, usando su terminología, el supuesto o la hypóstasis, que realiza diversos "papeles", pero no para representar un personaje, sino para manifestarse, aportar, iluminar y conocer el mundo, trabajarlo, convivir con otras personas humanas... Cuando, en cambio, se pretende la "autorrealización", la persona se pierde, se enreda en su propia esencia, tratando de convertirla en su réplica, buscando su "identidad", de la que carece por ser criatura, pero a la que puede "superar" si su búsqueda se dirige hacia Dios. La persona humana se trasciende a sí misma, puede hacerlo –aunque para ello requiere ser redimida–; en cambio, todo lo que se haga para "inventar" un ser humano superior, obra del propio hombre, carecerá de lo más importante: la libertad y la

137. GARCÍA GONZÁLEZ, J. A. *El hombre como persona*, Ideas y libros ediciones, Madrid, 2019, 79.

capacidad de trascenderse, puesto que "dependerá" de su "fabricante" y no podrá "destinarse", sino que habrá sido destinada por otro u otros a un fin que nunca puede ser superior a sí mismo. Sin salvación –sin elevación– el hombre no puede más que caer más bajo, porque el mal está en su interior y su raíz no puede extirparla sin destruirse a sí mismo.

Hoy suena a ridículo lo que se acaba de decir, incluido lo que afirma santo Tomás acerca del niño que, al llegar al uso de razón, ha de poner su fin en Dios. A muchos les parecerá pura fantasía sin ninguna base en la realidad. Pero no es así. El ateísmo ha sido, a lo largo de la historia, un hecho minoritario, y el ateísmo de masas, un fenómeno que se ha desarrollado a partir de la segunda mitad del siglo XX. Los hechos, por tanto, son otros. Dios ha estado presente en la historia de la humanidad siempre, incluso en los pueblos primitivos. Sólo desde la Ilustración –y su ideal de autonomía– se ha ido extendiendo, primero el agnosticismo, luego el relativismo y, finalmente, el ateísmo; y éste es un fenómeno propio de la cultura occidental que, por la globalización, trata de extender a todas las demás.

También puede objetarse que el mismo santo Tomás dice que la existencia de Dios no es evidente, sino que ha de ser demostrada, y él mismo lo hizo mediante las llamadas cinco vías. Desde la perspectiva de la metafísica tomista, que sigue de cerca, corrigiéndola y ampliándola, la de Aristóteles, esto es cierto. Pero no debe olvidarse que, aunque no la desarrolló explícitamente, hay también una vía antropológica hacia Dios, mucho más directa y casi inmediata a la que santo Tomás hizo referencia muchas veces. Resumiendo lo que escribió en sus obras principales, la expresa así: "nuestro último fin consistirá en que nuestro entendimiento conozca de un modo más noble que cuando conoce conforme a su naturaleza, de modo que quede satisfecho su deseo de saber. Este deseo es tal que, cuando conocemos el efecto, deseamos conocer la

causa, y, cuando conocemos los detalles de cada cosa, no estamos
satisfechos hasta que conocemos su esencia. El deseo natural que
tenemos de saber no puede quedar satisfecho si no conocemos la
primera causa, pero no de una manera cualquiera, sino por su
esencia. Dios es la causa primera. Luego el fin del último de la
criatura intelectual es ver la esencia de Dios"[138].

Como esta visión de Dios es imposible para el hombre, santo
Tomás añade a continuación que es necesario que el hombre "sea
elevado por alguna disposición agregada que llamamos luz de la
gloria, mediante la cual nuestro entendimiento es perfeccionado
por Dios"[139], lo cual concuerda con lo que se ha dicho sobre el fin
del hombre y sobre la necesidad de trascenderse a sí mismo, que
no es propiamente un autotrascendimiento, como si él pudiera
llevarlo a cabo, sino porque ha sido creado para un fin que supera
su naturaleza y que, por consiguiente, sólo alcanzará con la ayuda
divina[140].

Esto es lo que manifiesta también la noción de persona como
co-existencia. La persona humana carece de réplica quiere decir
que no puede existir sola, y que la co-existencia le lleva, íntimamente, a buscar a Dios. Esta búsqueda, en esta vida, no llega nun-

---

138. SANTO TOMÁS DE AQUINO, *Compendio de teología*, cap. 104,
n. 209.

139. SANTO TOMÁS DE AQUINO, *Compendio de teología*, cap. 105,
n. 212.

140. "Del mismo modo que, para Aristóteles, aislar a una 'naturaleza' individual autosuficiente y a sus facultades es hacer abstracción de la naturaleza
social del hombre –naturaleza a la que siempre pertenece la amistad–, así, para
Santo Tomás, aislar una *natura pura* es una abstracción de la naturaleza religiosa
del hombre, una naturaleza que conduce a la 'amistad con Dios'… La estructura fundamental de esta idea es que la naturaleza produce en el hombre algo que
es más que naturaleza ('nobilior', lo llama santo Tomás). El hombre no es este
más; es el ser en el que la naturaleza se supera a sí misma en dirección de este
más". SPAEMANN, R., *Lo natural y lo racional*, 40-41.

ca a su término, porque Dios es trascendente, pero no por eso es menos propia de su mismo ser; al contrario, es lo que hace que sea libre y que pueda "destinarse" a corresponder a don que él mismo es, en cuanto que depende de Dios.

Que la búsqueda no logre su término no quiere decir, en absoluto, que sea una "búsqueda sin término", o que sea una "pasión inútil", o que deba enrocarse en sí mismo cayendo en el nihilismo. Significa, por el contrario, que la persona debe, por así decir, amar y realizar un don con el que corresponder. Este don no puede ser personal, por lo que la persona ha de "descender" a su esencia –su naturaleza– y constituir un don esencial, a la espera de que sea aceptado por Dios. Por eso, la vida tiene sentido en todo lo que la naturaleza humana, perfeccionada por los hábitos intelectuales y las virtudes morales, así como con su obrar en la sociedad y en el mundo, pueda hacer. La libertad "nativa", se comunica a las potencias superiores de la esencia humana –la inteligencia y la voluntad–, que, por eso mismo, no actúan al margen, y mucho menos en contra, de la persona. A su vez, la persona, ha de respetar su propia naturaleza –de ahí que se pueda hablar de una ley moral natural–, para que su "manifestación" sea propiamente humana.

Encerrar al hombre en sí mismo, el egoísmo, no es un ideal de plenitud o de felicidad; al contrario, sólo conduce a la nada. Pretender que su cuerpo y, en concreto, su sexualidad, le lleve a la felicidad es una obsesión irracional porque, como se ha dicho ya, "el desorden sexual no es lo primordial del pecado de ciencia, pero sí una consecuencia inevitable. En este sentido, la pérdida del control espiritual de la energía sexual es más grave de lo que se suele decir; no es un simple debilitamiento de la jerarquía y armonía de las facultades, sino la afinidad entre la ciencia ociosa y la sexualidad misma".

Sustituir el sexo por el género es llevar este "anhelo por reconstruir el universo" a la locura: el sexo no es ya un órgano o un aparato propio de un ser orgánico, con una finalidad precisa que, en el caso de las personas humanas, está íntimamente unido a la donación recíproca y la procreación; pero esta ideología lo ha reinventado: todo el cuerpo y el ser del hombre es puro "aparato sexual". Y así, la persona desaparece y es sustituida por un monstruo cuyo instinto sexual lo abarca todo. Ya lo anticipó, en parte Nietzsche, cuando en *Ecce Homo* ("Aurora. Pensamientos sobre la moral como prejuicio", 7) dijo: "¡Cómo pudo enseñarse a despreciar los instintos primordiales de la vida e inventarse un 'alma', un 'espíritu' para ultrajar el cuerpo! ¡Cómo puede enseñarse a concebir la premisa de la vida, la sexualidad, como algo impuro! ¡Cómo puede buscarse en la más profunda necesidad vital, en el egoísmo estricto (¡la misma palabra está estigmatizada!) el principio del mal y, a la inversa, exaltarse el síntoma típico de decadencia, de contradicción de los instintos −el 'altruismo', la pérdida del centro de gravedad, la 'despersonalización' y el 'amor al prójimo (alterismo)− como el valor 'superior', ¡qué digo!, como el 'valor en sí'" Esta postura conlleva la destrucción de la moral, de la conciencia moral, sustituida por el subjetivismo, el relativismo, la amoralidad y, en definitiva, por el nihilismo: «hay una desnaturalización de la moral que consiste en querer separar los actos de los hombres que los ejecutan...; se creen que existen actos que por sí mismos son buenos o malos. Por sí mismo, un acto está completamente desprovisto de valor; lo importante es saber de qué se trata. El mismo *crimen* puede ser, en algún caso, un privilegio superior y, en otro, una mancha»[141].

---

141. NIETZSCHE, F., *La voluntad de poder*, 292. Aristóteles, en cambio, señalaba que "no toda acción ni toda pasión admiten el término medio, pues hay algunas cuyo solo nombre implica la idea de perversidad, por ejemplo, la malignidad, la desvergüenza, la envidia; y entre las acciones, el adulterio, el robo y el homicidio. Pues todas estas cosas, y otras semejantes se llaman así por

Separar los actos de los hombres que los ejecutan es la única posibilidad de no identificarnos con ellos y, por tanto, de poder arrepentirse, de cambiar de conducta, de pedir perdón y reconocer que nos hemos equivocado. Pero si "por sí mismo, un acto está completamente desprovisto de valor", si no existen actos buenos y actos malos por sí mismos", si todo depende por completo de "saber de qué se trata", o sea, de la valoración subjetiva, se hace imposible la convivencia. Un ser así –un superhombre– es pura arbitrariedad; ni él mismo es capaz de decir qué hace y por qué lo hace; simplemente es movido por sus instintos más básicos. La "voluntad de poder", propiamente, ha sido sustituida "–lo trans-humano–" por la espontaneidad fruto de la veleidad. El super-hombre no es más que un hombre, sino la despersonalización del ser humano, incapaz de hacerse responsable de sus actos poque no se distingue de ellos, no son "suyos", no es dueño de sí mismo.

ser malas en sí mismas, no por sus excesos ni por sus defectos". *Ética a Nicóma-co*, II, 6, 1107a 6-15.

9

Llegar a ser persona

Si el ser humano es persona, ¿cómo es posible que no sepa o que no quiera vivir de acuerdo con lo que es? La noción de persona es cristiana, surge en teología al estudiar el misterio de la Santísima Trinidad y el de la Encarnación (en Cristo hay una sola Persona y dos naturalezas, porque es verdadero Dios y verdadero hombre). Los paganos, anteriores al cristianismo, tampoco "descubrieron" que ser persona es otro ser distinto que el ser del universo. Y, con la Ilustración, la persona desaparece: se prefiere decir que el hombre es un "yo", un "sujeto", una "*res cogitans*", "*Dasein*", etc. ¿A qué puede deberse este "olvido" o, mejor, esta ignorancia?

El ser humano es creado como persona, lo que quiere decir que "*co-ser designa la persona*, es decir, la realidad abierta en intimidad y también hacia fuera; por tanto, *co-ser* alude a *ser-con*"[142]. Pero esto no quiere decir que ya lo sea en plenitud, o que no pueda y deba madurar y crecer; al contrario, al nacer, el ser humano es un ser que necesita ayuda, sin la cual nunca llegará a ser lo que está llamado o destinado a ser. La educación no es un vestido que puede ponerse o quitarse. Precisamente porque es co-existente, fi-

---

142. POLO, L., *Antropología trascendental*, O.C., XV, 42.

lial, requiere ser ayudado para madurar. Este proceso es largo y costoso, y puede fracasar, de modo que un "individuo", o incluso muchos, es posible que no alcancen nunca a co-existir.

Concretamente, "el hombre no es, a lo largo de su vida, todo lo perfectamente individual que puede ser, y paralelamente, cabe que no llegue a serlo, es decir, que el proceso de crecimiento de su individualidad se invierta, o sea, que vaya hacia atrás en vez de ir hacia adelante.

"Hablando esquemáticamente, hay una primera fase, que corresponde –desde el punto de vista de la psicología evolutiva– a la infancia, en la que el hombre se considera a sí mismo, se percata de su carácter individual, precisamente de este modo: el de sentirse, entenderse, o reconocerse simplemente como un *sí mismo*. Si uno sólo es *sí mismo,* sólo puede serlo frente al resto... Pero esto no implica aislamiento alguno, sino, más bien, todo lo contrario: para reconocerse como *sí mismo* es menester que lo distinto de *sí mismo* alcance alguna consistencia objetiva, sin la cual el *sí mismo* no puede entenderse de acuerdo con su propio carácter parcial. Si lo que no es *sí mismo* es un mero fluctuar, una inconsistencia, el *sí mismo* es imposible... En cualquier caso, lo que en esta fase de la vida predomina son las operaciones dirigidas a la autoconstitución. Se trata de aprovechar las influencias externas para afirmarse precisamente como *sí mismo* impidiendo, por una parte, su imperio excesivo, pero, a la vez, necesitándolas, con vistas a una independización básica, o una primera organización. No tiene nada de extraño que, si dichos influjos exceden de cierto límite, se sientan como amenazantes... En la infancia, lo que vertebra la individualidad es una actitud de celosa guarda de uno mismo (del *sí mismo*) que, lejos de toda paradoja, co-implica lo distinto, que viene a ser un factor imprescindible, por lo cual lo correcto es afirmar que, más que el miedo o la defensa, predomina en esta fase el cariño y el agradecimiento. Bastaría fijarse en la sonrisa del niño para excluir que la necesidad de la autoconstitución sea compatible con el aislamiento, el egoísmo, o la hostilidad hacia los otros.

"Sin embargo, en esta fase el hombre todavía no interpreta ese *sí mismo* como un *yo,* como un *yo mismo*... El *yo,* en efecto, es la fase en la que uno no es solamente una serie o conjunto de sentimientos, de conocimientos, de afectos, de vivencias propias, ensimismadas e inextricablemente necesitadas de lo externo. El *yo* significa que, en el seno del *sí mismo* se destaca un centro en torno al cual se organiza todo el mundo propio. En su fase más madura, el *yo,* el momento del *egotismo,* es juvenil.... Por así decirlo, la diferencia entre el *sí mismo* y el *yo* está cifrada en el hecho de que el *sí mismo* no encuentra un protagonista; ahora, toda la serie de vivencias, de experiencias, ensimismadas y exteriorizadas, se centran u orbitan, son experiencias *mías.* Y aparece eso que se llama *yo.*

"Pero este desarrollo todavía no es suficiente, e incluso debe decirse que el *yo*...deja un residuo que necesita ser perfeccionado por otra instancia o en otra fase. Por eso, en el desarrollo normal de la subjetividad humana, al momento del *yo* le sigue lo que podríamos llamar el momento de la *persona*... La *persona* –dicho de una manera descriptiva– no es solamente el centro que se hace cargo de aquello que previamente ha quedado aislado como *sí mismo,* en una situación de gravitación y de integración, la *persona* es quien dispone de todo eso. No solamente es el centro de atribución, el sujeto de propiedades, sino el que las moviliza y es capaz de proyectarlas, de ejercitarlas, de llevar, con ello, adelante una tarea de aportación, de expansión; en último término, es capaz de un amor que comprende y se centra de un modo plural y elástico. La *persona* es algo más que el *yo*... La *persona* es quien domina todo el conjunto propio que constituye el *sí mismo,* lo transforma en disponibilidades, en algo de lo que puede disponer y que, por lo tanto, puede destinar. La *persona* no es un centro sino una capacidad de centrarse, de darse sin perder-se.

"En la etapa de la *persona,* el hombre precisamente porque es capaz de disponer del *sí mismo* –se trasciende–; es individuo, pero un individuo que se destina y que, al destinarse, va más allá de sí, se integra de una manera correcta en la forma de una aportación a la sociedad circundante, y además se da cuenta de que su ser personal depende de una Persona digna de una preferencia absoluta; es decir dispone de sí mismo en la forma de una sumisión, de un ponerse al servicio amoroso de. Al servicio, en último término, de la Persona infinita, de Dios. Por eso, el proceso de crecimiento de la propia individualidad desemboca siempre –si se ha llevado a cabo correctamente– en una generosa asunción de sí mismo cara a Dios: uno se toma a sí mismo y se entrega a Dios; dispone de sí mismo, porque pone el «punto» de estabilidad de la apropiación, de anhelo y de paz, más allá del *yo,* en Aquél que es más personal que él, en quien constituye, como dice la vieja tradición filosófica, el *ens concretissimum,* el individuo por excelencia, el ser radical y perfectamente concreto. En la línea de su propio perfeccionamiento, el hombre desemboca en Dios: *sí mismo-yo-persona; persona-destino-Dios.* Pero bien entendido que el individuo humano que no pone el «punto» de estabilidad de la apropiación, de anhelo y de paz, en Dios, no lo encuentra jamás: el *yo* no es ese punto"[143].

El ser humano no nace "acabado", hecho, perfecto en su género; al contrario, "el Creador ha dado al hombre la libertad como don y tarea a la vez. Porque el hombre, mediante la libertad está llamado a acoger y realizar el verdadero bien. Ejerce su libertad en la verdad eligiendo y cumpliendo el bien verdadero en la vida personal y familiar, en la realidad económica y política, en el ámbito nacional e internacional. Esto le permite evitar o superar las posibles desviaciones que se han dado en la historia… La libertad es auténtica en la medida que realiza el verdadero bien. Sólo entonces

---

143. POLO, L., *La persona humana y su crecimiento,* O.C. XIII, 23-27.

ella misma es un bien. Si deja de estar vinculada con la verdad y comienza a considerar ésta como dependiente de la libertad, pone las premisas de unas consecuencias morales dañosas, de dimensiones a veces, incalculables"[144].

Esta cita muestra el camino que sigue el ser humano en su desarrollo hasta llegar a ser, propiamente, dueño de sí mismo y, por tanto, capaz de donarse, de evitar la soledad, el solipsismo, la desesperación. Si no se recorre este camino, no se llega, propiamente, a ser *persona*, porque, siendo libre, el hombre puede tomarse a sí mismo como su propio fin. Por eso, si se detiene, no podría actuar –ni ser– como hombre.

"El subjetivismo –y por ello es una tragedia– es una interrupción del proceso de maduración esbozado. Si primero está el *sí mismo*, después el centramiento egótico del *sí mismo*, y después la disposición irrestricta de sí (el momento personal), el subjetivista es el que se detiene en el momento del *yo:* no alcanza a vivir como *persona*. El subjetivismo es la no aceptación, o la quiebra, de la plenitud personal… Pero, entonces, tiene lugar, sin remedio, una empobrecedora involución: cuando el hombre se detiene, cuando no alcanza su más alta cota, y pretende estabilizarse en una fase de su propio crecimiento sin pasar a la siguiente, se produce inevitablemente una regresión. Dicha fase no es estable, y, como no es estable y no se *metaestabiliza,* se *infraestabiliza,* se desliza hacia abajo. El subjetivismo es aquella situación y actitud, o aquel tipo de teorías y de interpretaciones del hombre, en que el *yo* se entiende como la insuperable y suficiente realización del hombre como individuo… El *yo,* que es el centro del *sí mismo,* se ejerce exclusivamente respecto de aquello que tiene: precisamente respecto de su *sí mismo.* Por lo tanto, cuando el hombre no pasa del *yo* a la *persona,* retrocede del *yo* al *sí mismo,* pero, además, según decíamos,

---

144. SAN JUAN PABLO II, *Memoria e identidad,* 58-59.

el *yo* no es una planificación entera del *sí mismo;* al volcarse en él, afecta a su integridad.

"El hombre no es un ser individual que, en algún momento, pueda considerarse suficientemente desarrollado; el hombre es siempre individuo en proceso: un proceso de crecimiento a través de las tres citadas etapas: el *sí mismo,* el *yo* y la *persona;* o un proceso de degradación si se detiene en la segunda. El intento de persistir como *yo,* como centro, anula el centro, que se desperdiga, desvanece y astilla en sus posesiones"[145].

Llegar a ser persona, vivir como persona, no es algo "automático"; si no, el hombre no sería libre. Desde el principio de la filosofía se propone a cada uno el lema "conócete a ti mismo". Y no es fácil porque lo que suele llamarse "concupiscencia" dificulta la claridad de la razón y debilita a la voluntad. Negar esta realidad, como hace la doctrina de la "autonomía", conduce a errores graves sobre todos los aspectos de la vida humana, ya que desconoce quién es el hombre. Parece casi una contradicción y, sin embargo, es fácil de entender si se dejan de lado los prejuicios que sustentan el pensamiento moderno. El hecho es que "al concebir al hombre en términos de producto recuperado, el significado de la moral se tergiversa (pasa a ser entonces inmoral o malo lo que se oponga o distraiga, o discuta el ideal de autoposesión recuperante). El error estriba, en suma, en el desconocimiento del ser creatural del hombre y de su destino"[146].

El tema central es siempre la libertad; en la modernidad la libertad se entiende como "liberación de", nunca como "libertad para"; es decir, la libertad de los modernos puede parecer más amplia, puesto que no se "determina" a querer nada; si se determinara,

145. POLO, L., *La persona humana y su crecimiento,*27.
146. POLO, L., *La originalidad de la concepción cristiana de la existencia,* O.C., XIII, 300.

se limitaría o incluso desaparecería. Pero de este modo el hombre se transforma en un nihilista egoísta, insolidario, al que, si acaso, para que contribuya o aporte algo, hay que "obligarle a ser libre", es decir, hay que quitarle la libertad y someterlo a la de unas élites que se consideran a sí mismas como las únicas que "saben" cómo puede construirse un paraíso en la tierra. En la modernidad estas ideologías totalitarias han proliferado: prometen todo, pero despojan a las personas de su mismo ser convirtiéndolas en esclavos.

"¿Qué quiere decir una libertad 'más' intensa? ¿Cuál es la forma pura de la libertad humana? La forma pura de la libertad no está en la producción... La forma pura de la libertad es la donación. La justificación ética del hombre, buscada y no encontrada por la moral moderna, es imposible si no se acepta esa distinción. Todos sus inventos para construir una ética han fracasado, por ese problema, porque el hombre es egoísta, porque el hombre malo está empecatado, porque la libertad es esclava, porque la libertad está sometida, por lo tanto, no es auténtica libertad... La libertad está en el orden del don. Y el don es mucho más alto que la construcción... La creación es una producción en tanto que es la *donatio essendi*. Dios da y dar es más que fabricar... El hombre, y por eso es una criatura peculiar, es capaz de darse y de comunicar a su propio hacer natural una intención donante... El hombre es un ser aportante. Las aportaciones son novedades históricas derivadas de la novedad histórica radical que es la persona. Por lo mismo, si el hombre se niega a ser libre en este alto sentido, detiene la historia"[147].

Llegar a ser persona es un "trabajo" que cada uno debe realizar, pero no solo, sino acompañado, porque el ser humano es,

---

147. POLO, L, *El hombre en la historia*, Cuadernos de Anuario filosófico, Serie universitaria, 207, Servicio de publicaciones de la Universidad de Navarra, 2008, 116.

en primer lugar, un ser familiar, y luego un ser social. No es un inclusero, ni un egoísta, ni un ser solitario que sólo se interesa por los demás cuando cree que puede obtener un beneficio propio. Pero, por desgracia, esta "mentalidad", este modo de pensar, se ha convertido en "lo políticamente correcto", hasta el punto de que no compartirlo –¡vaya contradicción!– se valora como insolidaridad, afán de poder, de dominar, etc. La dignidad de la persona, perdida, se transmuta en ser demócrata, someterse al arbitrio de la mayoría –en realidad, de la clase dirigente–. Éste es hoy el único pecado, el pecado original, y así lo valoraron ya los pensadores ilustrados.

En cambio, cuando la persona alcanza a conocerse lo que descubre es que no puede conocerse, que es inidéntica, criatura, y depende de Dios: la persona se conoce como "destinada" hacia la trascendencia. Esto es mucho más que todas las propuestas que hayan podido hacerse desde que se entendió al hombre como ser autónomo. Todas estas propuestas han acabado en el nihilismo; si se considera que esa es la verdadera "liberación", la autonomía perfecta y absoluta, es porque la razón ha quedado ofuscada y porque el futuro se ha cerrado; como mucho queda el eterno retorno de lo mismo, la muerte como fin, la desesperación. Y, en la vida social, el totalitarismo como medio para alcanzar un supuesto paraíso que los que viven ahora nunca conocerán, porque son sólo "medios" para construirlo.

La doctrina de los pensadores medievales –de santo Tomás, por ejemplo– implica, en cambio, que la persona humana, cada quien, es una demostración de la existencia de Dios. La persona humana no es una apertura al vacío, o un abismo. Como el intelecto personal es pura transparencia, ha de ser iluminado, conocido por Dios, para que pueda saber quién es. Sin Dios la persona humana carece por completo de sentido; más aún, no se conocería nunca.

10

Fe y razón, teología y filosofía

Una duda más o menos razonable puede presentarse ante todo lo dicho hasta ahora: ¿se habla como creyente o sólo como hombre? O, incluso, ¿estamos en el campo de la teología o en el de la filosofía? ¿O hay un entrecruzamiento de fe, razón, teología y filosofía, sin distinciones? ¿Quiénes pueden leer estas páginas y pensar que van dirigidas a ellos?

Las relaciones fe-razón y, por tanto, teología-filosofía, han sido un tema recurrente desde el inicio de cristianismo; no era así en el pensamiento griego, al menos en los grandes socráticos. En el cristianismo sí existen estos "misterios" y, por consiguiente, parece que sólo quien tenga fe puede tenerlos en cuenta o "usarlos" en sus razonamientos o investigaciones.

Se ha dado normalmente, a lo largo de la historia, una separación radical entre las verdades conocidas por la fe y las alcanzadas por la razón. Pero esta separación tan radical, en la práctica, no ha sido tal. San Juan Pablo II, en la Encíclica *Fides et ratio,* presenta una versión muy distinta de la que suele tenerse por válida y unánime, y lo hace acudiendo tanto a las Sagradas Escrituras como a lo que, de hecho, han pensado muchos filósofos.

En la Introducción, el papa parte de una constatación, de un hecho que no debe pasarse por alto, y es el siguiente: "sobre todo en nuestro tiempo, la búsqueda de la verdad última parece a menudo oscurecida. Sin duda la filosofía moderna tiene el gran mérito de haber concentrado su atención en el hombre. A partir de aquí, una razón llena de interrogantes ha desarrollado sucesivamente su deseo de conocer cada vez más y más profundamente. Se han construido sistemas de pensamiento complejos, que han producido sus frutos en los diversos ámbitos del saber, favoreciendo el desarrollo de la cultura y de la historia. La antropología, la lógica, las ciencias naturales, la historia, el lenguaje..., de alguna manera se ha abarcado todas las ramas del saber. Sin embargo, los resultados positivos alcanzados no deben llevar a descuidar el hecho de que la razón misma, movida a indagar de forma unilateral sobre el hombre como sujeto, parece haber olvidado que éste está también llamado a orientarse hacia una verdad que lo transciende. Sin esta referencia, cada uno queda a merced del arbitrio y su condición de persona acaba por ser valorada con criterios pragmáticos basados esencialmente en el dato experimental, en el convencimiento erróneo de que todo debe ser dominado por la técnica. Así ha sucedido que, en lugar de expresar mejor la tendencia hacia la verdad, bajo tanto peso la razón se ha doblegado sobre sí misma haciéndose, día tras día, incapaz de levantar la mirada hacia lo alto para atreverse a alcanzar la verdad del ser. La filosofía moderna, dejando de orientar su investigación sobre el ser, ha concentrado la propia búsqueda sobre el conocimiento humano. En lugar de apoyarse sobre la capacidad que tiene el hombre para conocer la verdad, ha preferido destacar sus límites y condicionamientos"[148].

Pero, aunque el texto se refiera directamente a "nuestro tiempo", la realidad es que este fenómeno es constante a lo largo de la

---

148. SAN JUAN PABLO II, Enc. *Fides et ratio*, 1998, n. 5.

historia de la filosofía moderna. Hoy, efectivamente, la crisis de la filosofía, e incluso de lo que podría llamarse "sentido común" es tan aguda que en la práctica se niega que exista ese "sentido común": "no se puede negar, en efecto, que este período de rápidos y complejos cambios expone especialmente a las nuevas generaciones, a las cuales pertenece y de las cuales depende el futuro, a la sensación de que se ven privadas de auténticos puntos de referencia. La exigencia de una base sobre la cual construir la existencia personal y social se siente de modo notable sobre todo cuando se está obligado a constatar el carácter parcial de propuestas que elevan lo efímero al rango de valor, creando ilusiones sobre la posibilidad de alcanzar el verdadero sentido de la existencia. Sucede de ese modo que muchos llevan una vida casi hasta el límite de la ruina, sin saber bien lo que les espera. Esto depende también del hecho de que, a veces, quien por vocación estaba llamado a expresar en formas culturales el resultado de la propia especulación, ha desviado la mirada de la verdad, prefiriendo el éxito inmediato en lugar del esfuerzo de la investigación paciente sobre lo que merece ser vivido. La filosofía, que tiene la gran responsabilidad de formar el pensamiento y la cultura por medio de la llamada continua a la búsqueda de lo verdadero, debe recuperar con fuerza su vocación originaria"[149].

La situación actual del pensamiento es grave porque se han perdido los puntos de referencia, porque no se admiten o, al menos, se ponen en duda, verdades aceptadas durante siglos por todos los hombres. Si ahora en Europa –en occidente– se está dando una verdadera huida de Dios, una apostasía masiva, es más necesario mostrar que "la verdad expresada en la revelación de Cristo no puede encerrarse en un restringido ámbito territorial y cultural, sino que se abre a todo hombre y mujer que quiera acogerla como

---

149. SAN JUAN PABLO II, Enc. *Fides et ratio*, n. 6.

palabra definitivamente válida para dar sentido a la existencia. Ahora todos tienen en Cristo acceso al Padre; en efecto, con su muerte y resurrección, Él ha dado la vida divina que el primer Adán había rechazado (cf. *Rm* 5, 12-15). Con esta Revelación se ofrece al hombre la verdad última sobre su propia vida y sobre el destino de la historia: «Realmente, el misterio del hombre sólo se esclarece en el misterio del Verbo encarnado», afirma la Constitución *Gaudium et spes*. Fuera de esta perspectiva, el misterio de la existencia personal resulta un enigma insoluble. ¿Dónde podría el hombre buscar la respuesta a las cuestiones dramáticas como el dolor, el sufrimiento de los inocentes y la muerte, sino en la luz que brota del misterio de la pasión, muerte y resurrección de Cristo?"[150]. Si la razón no llega a Dios, calla, no sabe qué hacer o adónde ir.

En la Ilustración se puso de moda arremeter contra la Revelación porque exige fe, fe en algunas verdades que no comprendemos; el lema "¡atrévete a pensar!" con el que Kant resumía el ideal ilustrado, quedaba relegado y olvidado si se pide al hombre que crea en cosas que él mismo no ha pensado, que le vienen dadas, que no comprende.

Lo que la Encíclica va a proponer no es olvidarse de la razón a favor del fideísmo, ni tampoco mezclarlas o fundirlas en un solo conocimiento, sino algo muy "razonable", de acuerdo con la razón y también con la fe. ¿Es cierto que la fe se opone frontalmente a la autonomía del hombre? Pero, no cabe duda de que "la Revelación introduce en la historia un punto de referencia del cual el hombre no puede prescindir, si quiere llegar a comprender el misterio de su existencia; pero, por otra parte, este conocimiento remite constantemente al misterio de Dios que la mente humana no puede agotar, sino sólo recibir y acoger en la fe. En estos dos pasos, la

---

150. SAN JUAN PABLO II, Enc. *Fides et ratio*, n. 12.

razón posee su propio espacio característico que le permite indagar y comprender, sin ser limitada por otra cosa que su finitud ante el misterio infinito de Dios". Fe y razón no sólo no se oponen, en una auténtica comprensión de lo que es el hombre y de su búsqueda de sentido: "así pues, la Revelación introduce en nuestra historia una verdad universal y última que induce a la mente del hombre a no pararse nunca; más bien la empuja a ampliar continuamente el campo del propio saber hasta que no se dé cuenta de que no ha realizado todo lo que podía, sin descuidar nada"[151].

Es curioso que fuera la Ilustración la que impulsó la necesidad de educar y formar a la infancia y la juventud, precisamente para que se fueran "ilustrando"; aunque también es cierto que quién más escribió sobre la educación –Rousseau– jamás educó a nadie, empezando por sus propios hijos, que entregó a la inclusa. Y es que, sin formación, la humanidad estaría aún en la edad de piedra, pues la cultura se acumula, y cada generación ha de transmitirla a la siguiente. ¿Cómo se lleva a cabo esta tarea? "El hombre no ha sido creado para vivir solo. Nace y crece en una familia para insertarse más tarde con su trabajo en la sociedad. Desde el nacimiento, pues, está inmerso en varias tradiciones, de las cuales recibe no sólo el lenguaje y la formación cultural, sino también muchas verdades en las que, casi instintivamente, cree. De todos modos, el crecimiento y la maduración personal implican que estas mismas verdades puedan ser puestas en duda y discutidas por medio de la peculiar actividad crítica del pensamiento. Esto no quita que, tras este paso, las mismas verdades sean «recuperadas» sobre la base de la experiencia que se ha tenido o en virtud de un razonamiento sucesivo. A pesar de ello, en la vida de un hombre las verdades simplemente creídas son mucho más numerosas que las adquiridas mediante la constatación personal. En efecto, ¿quién

---

151. SAN JUAN PABLO II, Enc. *Fides et ratio*, n. 14.

sería capaz de discutir críticamente los innumerables resultados de las ciencias sobre las que se basa la vida moderna? ¿Quién podría controlar por su cuenta el flujo de informaciones que día a día se reciben de todas las partes del mundo y que se aceptan en línea de máxima como verdaderas? Finalmente, ¿quién podría reconstruir los procesos de experiencia y de pensamiento por los cuales se han acumulado los tesoros de la sabiduría y de religiosidad de la humanidad? El hombre, ser que busca la verdad, es pues también *aquél que vive de creencias*.

"Cada uno, al creer, confía en los conocimientos adquiridos por otras personas. En ello se puede percibir una tensión significativa: por una parte el conocimiento a través de una creencia parece una forma imperfecta de conocimiento, que debe perfeccionarse progresivamente mediante la evidencia lograda personalmente; por otra, la creencia con frecuencia resulta más rica desde el punto de vista humano que la simple evidencia, porque incluye una relación interpersonal y pone en juego no sólo las posibilidades cognoscitivas, sino también la capacidad más radical de confiar en otras personas, entrando así en una relación más estable e íntima con ellas"[152].

Podría decirse sin exagerar que un alumno de bachillerato sabe más física que Newton, primero porque ha aprendido lo que Newton descubrió y, segundo, porque a eso ha añadido otros conocimientos que Newton nunca conoció, por ejemplo, sobre electricidad, el átomo y su estructura, etc. Un argumento recurrente durante siglos es que, aunque no seamos sabios, estamos sobre los hombros de los sabios y, por tanto, nuestro horizonte es mucho mayor que el de ellos. El ideal de empezar a pensar desde cero, además de imposible, es un retroceso, una vuelta a la ignorancia.

---

152. SAN JUAN PABLO II, *Fides et ratio*, 31-32.

Fiarnos de los profesores –fe humana– tiene sentido, no sólo no es irracional, sino al contrario. En el caso de la fe sobrenatural, estamos ante una virtud teologal que sólo Dios puede infundir en el alma. Pero los motivos para "fiarnos" de Dios –motivos de credibilidad– son, sin comparación, mucho más fuertes que los que llevan a confiar en los hombres. Por eso, fe y razón no se oponen, porque la fe es propia del ser humano. Esto se manifiesta de un modo más evidente en el amor: amar al esposo o la esposa, darse, es más que lo que la razón puede decirnos sobre el otro; el amor exige dar un paso más, no bastan las razones, hay que rebasarlas y confiar en la persona amada. Quien no lo haga nunca sabrá lo que es amar. "Se ha de destacar que las verdades buscadas en esta relación interpersonal no pertenecen primariamente al orden fáctico o filosófico. Lo que se pretende, más que nada, es la verdad misma de la persona: lo que ella es y lo que manifiesta de su propio interior. En efecto, la perfección del hombre no está en la mera adquisición del conocimiento abstracto de la verdad, sino que consiste también en una relación viva de entrega y fidelidad hacia el otro. En esta fidelidad que sabe darse, el hombre encuentra plena certeza y seguridad. Al mismo tiempo, el conocimiento por creencia, que se funda sobre la confianza interpersonal, está en relación con la verdad: el hombre, creyendo, confía en la verdad que el otro le manifiesta"[153].

Pero quizás el argumento más fuerte –sin recurrir a la fe– nos lo da san Pablo en la Epístola a los Romanos: "la ira de Dios se revela desde el cielo contra toda impiedad e injusticia de los hombres que detienen con injusticia la verdad; porque lo que de Dios se conoce les es manifiesto, pues Dios se lo manifestó. Porque las cosas invisibles de él, su eterno poder y deidad, se hacen claramente visibles desde la creación del mundo, siendo entendidas

153. SAN JUAN PABLO II, *Fides et ratio*, 32.

por medio de las cosas hechas, de modo que no tienen excusa. Pues habiendo conocido a Dios, no le glorificaron como a Dios, ni le dieron gracias, sino que se envanecieron en sus razonamientos, y su necio corazón fue entenebrecido. Profesando ser sabios, se hicieron necios, y cambiaron la gloria del Dios incorruptible en semejanza de imagen de hombre corruptible, de aves, de cuadrúpedos y de reptiles. Por lo cual también Dios los entregó a la inmundicia, en las concupiscencias de sus corazones, de modo que deshonraron entre sí sus propios cuerpos, ya que cambiaron la verdad de Dios por la mentira, honrando y dando culto a las criaturas antes que al Creador, el cual es bendito por los siglos. Amén. Por esto Dios los entregó a pasiones vergonzosas; pues aún sus mujeres cambiaron el uso natural por el que es contra naturaleza, y de igual modo también los hombres, dejando el uso natural de la mujer, se encendieron en su lascivia unos con otros, cometiendo hechos vergonzosos hombres con hombres, y recibiendo en sí mismos la retribución debida a su extravío. Y como ellos no aprobaron tener en cuenta a Dios, Dios los entregó a una mente reprobada, para hacer cosas que no convienen; estando atestados de toda injusticia, fornicación, perversidad, avaricia, maldad; llenos de envidia, homicidios, contiendas, engaños y malignidades; murmuradores, detractores, aborrecedores de Dios, injuriosos, soberbios, altivos, inventores de males, desobedientes a los padres, necios, desleales, sin afecto natural, implacables, sin misericordia; quienes habiendo entendido el juicio de Dios, que los que practican tales cosas son dignos de muerte, no sólo las hacen, sino que también se complacen con los que las practican"[154].

San Pablo no sólo reprocha a los paganos su "incredulidad", sino haber sustituido la verdad por sus más bajas pasiones; el pa-

---

154. SAN PABLO, *Romanos*, 1, 18-32.

norama que presenta a continuación como consecuencia de este extravío es actual: nada de lo que dice deja de darse hoy. No "reconocer" a Dios deshumaniza o, mejor, hunde al hombre a un nivel muy inferior al de los animales. Y, por supuesto, el pecado de lujuria, se manifiesta en "hechos vergonzosos", antinaturales, consecuencia de una "mente reprobada".

Si esto ocurre cuando no se admiten verdades que la razón puede alcanzar, cuánto más cuando se rechaza la verdad sobre el hombre, que sólo Dios puede darnos a conocer. Los "argumentos" contra la fe son, pues, meras excusas que esconden el deseo de "liberarse" de Quien puede hacernos verdaderamente libres, porque "la verdad os hará libres" y, en cambio, la libertad –entendida como autonomía– no sólo no nos hará verdaderos, sino que nos rebajará a niveles inimaginables.

La razón no nos aleja de la fe; al contrario: "especialmente, cuando se indaga el "por qué de las cosas" con totalidad en la búsqueda de la respuesta última y más exhaustiva, entonces la razón humana toca su culmen y se abre a la religiosidad. En efecto, la religiosidad representa la expresión más elevada de la persona humana, porque es el culmen de su naturaleza racional. Brota de la aspiración profunda del hombre a la verdad y está en la base de la búsqueda libre y personal que el hombre realiza sobre lo divino"[155]. En la Epístola a los Hebreos (11,6) se lee que "sin la fe es imposible agradar a Dios"; y no se refiere sólo a los cristianos –que ya creen–, sino a todos los hombres. Es verdad que la fe teologal es un don que no se puede adquirir sino sólo recibir; pero el hombre puede y debe acercarse a Dios y disponerse para tan gran don, que Dios no niega a nadie si lo pide con humildad. Siendo el destino del hombre trascendente, no cabe que Dios no le dé los medios necesarios, si está bien dispuesto, para alcanzarlo.

155. SAN JUAN PABLO II, *Fides et ratio*, 33, nt. 27..

La relación fe-razón no es de enfrentamiento sino, al contrario: la razón, si busca la verdad, se aproxima a la fe sobrenatural y se dispone a recibir la virtud teologal que Dios no niega, sino que desea otorgarla a todos, para que puedan conocerlo. Se dice, a veces, que Dios se esconde, que no le vemos, que no es fácil acercarse a Él. No se tiene en cuenta que *"¿podía Dios ir más allá en Su condescendencia, en Su acercamiento al hombre,* conforme a sus posibilidades cognoscitivas? Verdaderamente, *parece que haya ido todo lo lejos que era posible. Más allá no podía ir.* En cierto sentido, ¡Dios ha ido demasiado lejos! ¿Cristo no fue acaso 'escándalo para los judíos, y necedad para los paganos'? (1 *Corintios,* 1, 23). Precisamente porque llamaba a Dios Padre suyo, no podía dejar de causar la impresión de que era demasiado... El hombre ya no estaba en condiciones de soportar tal cercanía, y comenzaron las protestas"[156]. Para no descubrir a Dios es preciso "rechazarlo", porque Él se hace presente de mil modos.

Es significativo que las ideologías ateas y, en concreto, la ideología de género, al no tener ningún argumento racional –su único argumento es la libertad–, nieguen la libertad de enseñanza y la objeción de conciencia; la única verdad es la oficial; todo lo demás es falso por principio. De este modo se le retira al ser humano uno de sus principales derechos. "No existe moral sin libertad [...]. Si existe el derecho de ser respetados en el propio camino de búsqueda de la verdad, existe aún antes la obligación moral, grave para cada uno, de buscar la verdad y seguirla una vez conocida"[157]. Prohibir buscar la verdad es someter a la persona a no pensar, a no actuar como lo que es.

156. SAN JUAN PABLO II, *Cruzando el umbral de la esperanza,* Plaza y Janés, Barcelona, 1994, 59-60.
157. SAN JUAN PABLO II, *Fides et ratio,* 25, citando a Enc. *Veritatis Splendor,* 34.

La ruptura entre fe y razón se inició con el averroísmo latino, en el siglo XIII; Duns Escoto, intentando evitar el racionalismo, puso límites a la razón, y el nominalismo de Ockham terminó la tarea; Lutero, siglo y medio después, no tuvo inconveniente en reconocerse discípulo de Ockham, porque de él procedía su fideísmo.

En la filosofía moderna fue Descartes quien influyó decisivamente en la idea de que la filosofía ha de prescindir por completo del dato Revelado: "profesaba una gran reverencia por nuestra teología y, como cualquier otro, pretendía ya ganar el cielo. Pero habiendo aprendido, como cosa muy cierta, que el camino de la salvación está abierto para los ignorantes como para los doctos, y que las verdades reveladas que allá conducen están muy por encima de nuestra inteligencia, nunca me hubiera atrevido a someterlas a la flaqueza de mis razonamientos, pensando que para acometer la empresa de examinarlas y salir con bien de ella era preciso alguna extraordinaria ayuda del cielo, y ser, por lo tanto, algo más que hombre"[158]. Él, en cambio, desea escribir sólo para "hombres, puramente hombres"[159].

Está claro que para Descartes, la gracia, la elevación al orden sobrenatural, es algo "añadido": no es la naturaleza elevada, sino algo distinto que no puede ser estudiado más que por los teólogos, quizás de acuerdo con las ideas ya citadas anteriormente de los escolásticos de los siglos XVI y XVII, que pensaban en una *natura pura*, con un fin natural, distinto del sobrenatural. Efectivamente, los fines que Descartes propone en su filosofía son "tener el propio espíritu contento y satisfecho", evitar los remordimientos, las dudas y arrepentimientos[160]. Por tanto, al hombre puramente

---

158. DESCARTES, R., *Discurso del método*, 1ª parte.
159. DESCARTES, R., *Discurso del método*, 1ª parte.
160. Cf. DESCARTES, R., *Discurso del método*, 3ª parte y 6ª parte.

hombre la trascendencia no le afecta, no es asunto propio, sino sobrenatural, pues, aunque se detenga con detalle de demostrar la existencia de Dios e incluso se someta a Él, Dios cuenta en su filosofía como el valedor de que sus ideas claras y distintas son todas verdaderas. Por lo demás, su libertad, sólo limitada por su poder, le hace sentirse semejante a Dios.

La libertad con la que asiento a lo que pienso como verdadero no es distinta de la libertad por la que asiento a lo que conozco por fe en otros; pero, si se profundiza en el acto voluntario, se advierte que "la decisión que determina la dirección fundamental del querer no tiene el carácter de acto de voluntad... Un acto de voluntad precisa un motivo. Pero ¿qué motivo podría guiar la decisión acerca de qué es motivo para mí? Esto nos llevaría a un regreso al infinito. La dirección del querer no está determinada por un acto de la voluntad, sino por una actitud que podemos describir como amor y odio... El querer no decide sobre lo que amamos, pero el amor decide sobre lo que queremos. El amor no es expresión de la 'naturaleza racional' del hombre, sino de su carácter personal"[161]. Como intimidad, la persona puede abrirse o encerrarse en sí misma, aceptar su condición de criatura o no aceptarla, y si se acepta a sí misma como lo que es, entonces debe corresponder al amor de Dios, al don que ella misma es.

"La idea de autonomía de la persona parece incurrir en contradicciones. No amamos porque queramos amar, sino que nos encontramos de antemano amando o no amando. El amor, cuando es auténtico, se presenta al otro, no a sí mismo, como respuesta espontánea a la existencia y al modo de ser del otro. Es al otro, no a mí, al que experimento como fundamento de mi amor. Asimismo, cuando somos amados, tampoco nos experimentamos como fundamento necesario del amor del otro. Si pensáramos eso y lo

161. SPAEMANN, R., *Personas*, 206.

manifestáramos, haríamos imposible su amor... La libertad que aquí suponemos no es 'libre arbitrio'. Tampoco se puede entender como autonomía. La libertad... es ante todo libertad *de* algo. ¿De qué es libre la persona? Es libre de su propia naturaleza. La persona tiene su naturaleza, no la *es*. Puede relacionarse libremente con ella. Pero eso no lo puede hacer por sí misma, sino por el encuentro con otra persona. La afirmación de otra identidad –como reconocimiento, justicia, amor– nos permite la auto distancia y la autoapropiación que es constitutiva de las personas, o sea, la 'libertad de nosotros mismos'. Esta libertad se vive a sí misma como regalo"[162].

Aristóteles entendió el amor como "deseo", como "apetito", y por eso lo excluyó de Dios que, por ser perfecto, no desea nada. En la Ilustración ocurre lo mismo: el amor limita la libertad, hace del ser amado un "tope", al que uno se subordina y que hace finita la autonomía; amar sería subordinarse al ser amado, querer el bien para ese ser, olvidándonos del nuestro. En todos estos casos se olvida que, además de la voluntad, que desea el bien, está la persona, capaz de amar, y que el amor es el acto supremo de la libertad; se olvida que la persona única ni siquiera llega a ser persona porque ha renunciado a serlo, refugiándose en el *yo*, en el egoísmo. "Si primero está el *sí mismo,* después el centramiento egótico del *sí mismo,* y después la disposición irrestricta de sí (el momento personal), el subjetivista es el que se detiene en el momento del *yo:* no alcanza a vivir como *persona.* El subjetivismo es la no aceptación, o la quiebra, de la plenitud personal... El subjetivismo es aquella situación y actitud, o aquel tipo de teorías y de interpretaciones del hombre, en que el *yo* se entiende como la insuperable y suficiente realización del hombre como individuo... Por lo tanto, cuando el hombre no pasa del *yo* a la *persona,* retrocede del *yo* al *sí mismo,*

162. SPAEMANN, R., *Personas,* 207.

pero además el *yo* no es una planificación entera del *sí mismo;* al volcarse en él, afecta a su integridad"[163].

Encerrado en sí mismo, sin autotrascenderse, el hombre ha de decidir qué posibilidades le ofrece su naturaleza para "sentirse satisfecho". No lo encontrará en ninguna, porque la naturaleza es inferior a la persona, porque la naturaleza sólo es libre si la persona dispone de ella. Por tanto, queda atrapado en su cuerpo, en su sexualidad, en su deseo o voluntad de poder…, pero nunca podrá escapar de la cárcel que él mismo es para sí mismo.

Por eso, la relación entre la fe y la razón es tan importante: trascenderse, amar, es salir de uno mismo, pero la búsqueda de otra persona a la que amar no es una búsqueda a ciegas. Cuando se reconoce que uno mismo es un don –un hijo– la búsqueda está orientada, y concluirá cuando ese otro se manifieste y nos manifieste qué somos realmente: "nuestro ser es un ser *co-existencial* 'a *radice*'. Pero *co-existencial* quiere decir que está abierto *a*, es decir, no puede detenerse en sí mismo… El hombre apela al encuentro con otra persona, de tal manera que pueda decir que en esa persona ha encontrado su igual; no se rebaja… Por eso, detrás del bien tiene que estar el amor, es decir, otra persona"[164]. Y esa persona sólo puede ser Dios. En definitiva, llegar a ser persona no consiste en la autorrealización: "nadie se puede autorrealizar, pues esa pretensión va en la línea de la persona única que saca de sí todas las riquezas. Pero, ¿qué riquezas podrá sacar, si esas riquezas no son otra persona? Y, como el hombre no puede sacar de sí otra persona, puesto que no es Dios, o se dirige a Dios, o fracasa"[165].

El amor siempre requiere de la fe, incluido el amor humano, porque, propiamente, no sé quién es esa otra persona a la que amo;

163. POLO, L., *La persona humana y su crecimiento*, 26-27.
164. POLO, L., *Epistemología, creación y divinidad*, 278.
165. POLO, L., *Epistemología, creación y divinidad*, 282.

y esto no se logra tampoco admitiendo las "relaciones prematrimoniales"; al contrario, porque esas relaciones manifiestan desconfianza, falta de amor. La vida no es un juego, pero hay que "jugársela" entregándola por amor. Y el único amor que nunca defrauda, es el amor de Dios, del que tenemos sobrada constancia por el hecho de que existimos. "Nunca es bastante. De acuerdo con esto, la necesidad de la voluntad reside en encontrar aquellos otros que no detienen el querer-más. Así se desechan ciertos otros, no en el sentido de no aceptar que lo sean, sino porque no permiten querer-más. Son otros de poca monta. De ese modo el querer-más se concentra y, por ahí se puede empezar a entender que Dios es el bien absolutamente otro para la intencionalidad voluntaria... Ésta es la inquietud de la voluntad que no puede aquietarse más que en el absolutamente otro... Ese aquietamiento es el amor"[166].

"La fe y la razón (*Fides et ratio*) son como las dos alas con las cuales el espíritu humano se eleva hacia la contemplación de la verdad. Dios ha puesto en el corazón del hombre el deseo de conocer la verdad y, en definitiva, de conocer a Él para que, conociéndolo y amándolo, pueda alcanzar también la plena verdad sobre sí mismo"[167]. Así comienza la Encíclica; ¿se puede volar con una sola ala? Se ha dicho mil veces que las ideologías integradas en el Nuevo Orden Mundial requieren mucha más fe que la verdad revelada por Dios, y una fe, además, irracional, contraria a las evidencias más inmediatas, a la realidad que cada uno es. Esta ideología no cree en el hombre, lo deshumaniza, lo esclaviza y lo transforma –haciéndole creer que es un hombre nuevo– en un puro órgano sexual.

---

166. POLO, L., *Antropología trascendental*, 487.
167. SAN JUAN PABLO II, *Fides et ratio*, Principio.

11

La libertad y la autonomía

Al carecer de argumentos racionales, el Nuevo Orden se parapeta en la libertad: no soy más que lo que quiera ser; la realidad –la naturaleza– no es libre y no ofrece ningún criterio para orientar mis decisiones. Por tanto, cuanto más atrás quede la naturaleza, más libre seré. Sin criterio alguno, la libertad es "autonomía": se da a sí misma sus propias leyes, decide sobre el bien y el mal, sobre lo que llegaré a ser. Por tanto, "la liberad nos hará verdaderos". ¿Es posible entonces saber qué es la libertad? No, porque para definirla debería acudir a algo previo, situarla en un contexto y, por tanto, limitarla. Aun así, la libertad humana es limitada porque no es posible hacer todo lo que uno decida; Descartes advertía ya que mi poder es menor que la amplitud de mi voluntad; Dios puede hacer lo que quiera, porque su poder es infinito, pero el hombre no.

Para la utopía del Nuevo Orden esto se arreglará progresivamente gracias al incremento de la ciencia y de la técnica. La ingeniería genética, la inteligencia artificial, la medicina, incluso la ingeniería social, harán realidad todos los deseos. No se tiene en cuenta que la idea de "progreso indefinido" es una contradicción, porque niega la dignidad a la persona, a cada una, que se convierte sólo en un medio para un fin que no se sabe si se alcanzará ni

cuándo se logrará. Las generaciones anteriores a ese paraíso, sólo
valen o cuentan como instrumentos, como conejillos de indias;
con ellas se puede investigar, experimentar, etc. Y si el experimento falla, se las desecha.

Además, ¿quién o quiénes y con qué título se arrogan el poder
de experimentar con los demás? Debe haber, pues, una "camari-
lla", unos "ilustrados", que manipularán a los demás y los conduci-
rán a donde ellos determinen, sin consultarles ni pedir su consen-
timiento. Así ha ocurrido siempre con los totalitarismos.

Pero, ¿cómo entienden la libertad si sólo la suya –la de la "ca-
marilla"– cuenta? Porque a lo largo de la historia de la filosofía las
doctrinas sobre qué es la libertad han sido numerosas y, parece,
que ahora se ha descubierto la definitiva.

Aristóteles la entendía como dominio sobre los propios actos;
no como *causa sui*, sino sólo de los actos, y no de todos, porque
muchos dependen de la naturaleza humana y no pueden ser do-
minados. Más tarde se pensó como libre albedrío, como capacidad de elección; pero para elegir se requiere un motivo, y para
decidir qué motivo, otro motivo, y así hasta el infinito; en caso
contrario el motivo sería irracional y, entonces, la voluntad ya no
sería el "apetito racional". En los autores nominalistas a partir del
siglo XIV, libertad es "espontaneidad", pero esto es la negación de
la libertad: lo espontáneo no se puede controlar sino que va a la
búsqueda de una formalidad o concreción, con lo que reaparece la
naturaleza como el principio y la esencia de la libertad.

En la modernidad el voluntarismo se impone: la voluntad es
anterior y superior a la razón; por tanto, la libertad es el dominio
sobre la razón; éste es el caso de Descartes, que pensaba que, si
se abstenía de asentir hasta que la idea fuera sometida a control,
nunca se equivocaría. Quien nunca se equivoca hace siempre lo
que quiere, no puede errar. Pero ¿qué es lo que quiere? ¿Cómo
decidirlo si la inteligencia está sometida y la voluntad ha de actuar

previamente? Quizás por eso Descartes se contentaba, como fin, con tener el propio espíritu contento y satisfecho por ser dueño de sí mismo, aunque para ello debiera renunciar a cualquier fin que le trascendiera.

Lutero niega la libertad: es esclava del pecado, de la concupiscencia, de modo que incluso cuando queremos hacer el bien, hacemos el mal, pues la rectitud de intención es imposible en un ser corrompido. El luteranismo supuso un reto imponente para el pensamiento moderno, cuyos autores estuvieron influenciados por el protestantismo. Había una posible solución, que luego se extendió a otros campos: la libertad no existe, sino que se "conquista", no se nace libre, sino que uno ha de hacerse libre (de modo semejante a como el feminismo defiende que la mujer no nace, se hace). Esto lleva consigo la idea de ser *causa sui*: la ruptura definitiva con la naturaleza e incluso con el ser del hombre. Si no es libre, el hombre ha de hacerse a sí mismo y, de tal modo, que llegue a ser... No se sabe qué debe llegar a ser, pero sea lo que sea, por ser su propio autor, será lo que ha querido ser y, por tanto, libre.

Las teorías sobre la libertad son tantas que no es posible hacer aquí un estudio, por breve que sea, de cada una. Pero hay un problema que siempre se plantea y al que no es fácil encontrarle solución. Es el siguiente: si la libertad es una "propiedad" del hombre o de la voluntad, debe estar radicada, basada, en algo fijo, estable, algo que, por eso, no puede ser libre; parece, por tanto, que la libertad se encuentra limitada *a radice* ya que su "fundamento" no puede serlo. Esto se manifiesta, por ejemplo, en que siempre está situada en el espacio y en el tiempo, y así no puede ser igual en la antigüedad o en la edad de piedra que ahora; en el espacio porque no podemos abarcar más que un campo limitado y no podemos decidir sobre lo que se encuentra fuera de esos límites; además, vivimos en sociedad y hemos de convivir y respetar las leyes, tenemos una profesión y, por consiguiente, unos deberes que vienen impuestos; nuestros conocimientos, por muchos que sean, también son limitados, no podemos elegir a nuestros padres, hermanos, primos, sobrinos, etc. ¿Estas circunstancias nos determinan, o sea, nos impiden ser libres, o sólo nos condicionan? ¿Y hasta qué punto nos condicionan?

Algunos han propuesto que la libertad es el conocimiento de la necesidad; otros que la libertad no existe; quizás podamos "sentirnos" libres, pero en la práctica no podemos ejercerla. En resumen, la libertad se asienta sobre demasiadas cosas, no "subsiste" aislada, no es un "ser" sino, como mucho, una propiedad, y no de todos los actos humanos sino sólo de algunos. ¿Es suficiente una libertad tan condicionada como para poder defender que, a pesar de todo, somos libres?

Para empezar a comprender la libertad hay que dejar de lado la noción de fundamento: "el ser de que se ocupa la metafísica es el ser como principio, o el sentido principial del ser. Sin embargo, ese sentido no incluye la libertad: ser principio no significa ser libre. Por eso, si sólo se detecta o se logra el conocimiento del ser como principio (o, en términos lógicos, el sentido fundamental del ser) la libertad es deprimida. Insisto, si la filosofía primera trata de lo primero, y lo primero es el principio, y el ser principial no incluye la libertad –no equivale a ella: la libertad no es principio–, la libertad es considerada como asunto meramente categorial. Asimilada al orden categorial, la libertad se entiende como una propiedad de cierto tipo de actos: en concreto, de algunos actos voluntarios, y nada más.

"Pues bien, a mi modo de ver, esa versión de la libertad es insuficiente. La libertad hay que colocarla en el plano trascendental; pero eso no es posible si se la entiende desde el ser principial. Desde luego, una libertad fundada es contradictoria. Para ser libre es menester, no digo independencia completa, pero sí no estar precedido por una instancia más profunda que haga de fundamento.

Por otra parte, todavía es más importante no confundir la libertad con el fundamento. A la libertad no le corresponde ser fundamentada ni ser fundamento. Ninguna de estas dos nociones permite alcanzar el carácter trascendental de la libertad"[168]. Sin embargo, dejar a la libertad sin "apoyo", pensarla como autosuficiente, es también problemático y una fuente de errores: "decir que la libertad es fundamento (*Ungrund*, dice Boehme; *Abgrund*, dice Heidegger), o la *ratio essendi* del imperativo categórico, como sostiene Kant, o el *conocimiento de la necesidad*, como sostiene Espinosa y repite Hegel, no es entenderla como uno de los trascendentales que se convierte con el acto de ser personal"[169].

La libertad es personal y, por tanto, no puede ser otra cosa que la persona misma, la intimidad abierta, cuya apertura indica que la intimidad es libre. La distinción real ser-esencia o, en el caso de la persona, co-ser-esencia, en el que el ser es trascendental, no categorial, es decir, no pertenece a la esencia ni a la naturaleza, tiene que ver con que la persona "dispone" de su esencia, lo cual sería imposible si ella misma no fuera, no ya libre, sino libertad. Pero esto no acaba con el problema que estamos tratando: si carece de fundamento y, si ella misma, no es fundamento, ¿qué puede ser?

Una aproximación mayor es advertir que "la libertad trascendental ha de entenderse en términos de co-existencia. En ese plano no se debe hablar de ser principial. Según esto, por un lado, el co-existir es compatible con el existir; por otro lado, la co-existencia de las personas entre sí no es una relación de fundamentación. Por eso se dice que todos los hombres somos iguales, y también que la persona humana no procede de sus padres, sino que es creada directamente por Dios (esta tesis se suele referir al alma, pero

---

168. POLO, L., *Antropología trascendental*, 35-36.
169. POLO, L., *Antropología trascendental*, 108.

con más razón es válida para la persona)[170]. Ya se dijo antes que hay una vía antropológica hacia Dios; Dios no es fundamento de nada, sino que crea de la nada, y la creación es un don: crear es dar el ser o, en el caso de la persona, el co-ser. La omnipotencia divina coincide con que es Amor, y el amor lo puede todo. El Amor de Dios no es vano, no puede carecer de término y, en el caso de la criatura, eso es la creación: la donación del ser.

Quizás esto parezca también un callejón sin salida o, peor, anular la libertad, porque la dependencia de la criatura respecto del Creador es absoluta. ¿Cómo puede ser libre si depende de Dios? Efectivamente, "el ser creado es pura dependencia. Por eso, Dios recibe el nombre de Señor. De esta distinción surge también la noción de omnipotencia. Aunque la omnipotencia se suela entender así, no es suficiente entender que Aquél de quien depende la distinción entre el ser y la nada es omnipotente, porque así ser y nada se oponen como diferentes. En Dios la omnipotencia debe entenderse como misterio de amor donal. Con esto, las interpretaciones panteístas caen sin más"[171].

La omnipotencia fue pensada en el siglo XIV como arbitrariedad e irracionalidad; es la tesis de Ockham, por ejemplo y, en parte, también por Escoto. La libertad de Dios es tal que no está sometida a la razón: Dios no puede hacer que lo que ha existido no haya existido nunca; ese es el único límite de su libertad, y hace referencia al pasado; respecto del futuro, Dios puede hacer lo que quiera y la criatura ha de ser pura inconsistencia, existencia de facto, sin esencia, porque entonces la libertad divina tendría que "respetarla" para no contradecirse; de ahí la nueva formulación del principio de no contradicción: "de que exista ahora no se sigue que deba seguir existiendo", lo cual conlleva la noción de creación

---

170. POLO, L., *Antropología trascendental*, 111.
171. POLO, L., *Antropología trascendental*, 156.

continuada. Todo un despropósito porque, para defender la omnipotencia, la limita.

Hablar de co-ser para referirse al ser de la persona es imprescindible si no se la quiere confundir con la criatura material. La realidad material carece de intimidad, no sabe de sí; en cambio, "el descubrimiento de la intimidad como apertura interior es inseparable del valor activo, libre, de la co-existencia. Sin el descubrimiento de la libertad, la carencia de réplica anularía por completo la co-existencia. Si la persona fuese única, la intimidad no sería activa y no existiría. Por consiguiente, es un error aseverar que la persona humana carece de intimidad. En rigor, la persona humana descubre que interiormente carece de réplica. Ahora bien, como esa carencia no puede ser definitiva, es, por tanto, activa de inmediato[172].

La persona no es una "sustancia", el sustrato o sujeto de la libertad, la intelección, el amar donal, etc., sino que "la persona alcanza a co-existir, de tal manera que, si se aislara, la persona quedaría sujeta a la tragedia. Por eso, co-existir no es el término del desarrollo de una instancia real que, sin co-existir todavía, pudiera llamarse persona. Dicho de otra manera, la persona no crece hasta co-existir desde una instancia previa, sino que crece en tanto que co-existe"[173]. Por consiguiente, entender la libertad —o la persona— como fundamento de…, impide entenderlas en su radicalidad; "por eso persona no significa sustancia. Las sustancias ocurren separadas; pero lo separado no co-existe; las sustancias ocurren cada una por su cuenta; se aíslan… Este planteamiento permite hablar de libertad trascendental [no como propiedad de determinados actos voluntarios, o como espontaneidad]. La libertad es trascendental como libertad personal. Se descubre un nuevo

---

172. POLO, L., *Antropología trascendental,* 233.
173. POLO, L., *Antropología trascendental,* 277.

sentido de la libertad que se halla en el ser humano, no en el plano de su naturaleza"[174]

Si la libertad ni es fundamento ni está fundada, su demostración es imposible; toda demostración parte de unas premisas y llega a una conclusión; pero la libertad no es la conclusión a la que se llega desde algo precedente; como se ha dicho, la libertad carece de "sujeto"; por eso el pensamiento moderno no es capaz de pensarla más que como "espontaneidad", como una fuerza incontrolada e incontrolable, porque su "sujeto", además de limitarla, no podría ser libre, no podría dirigirla. Pretender que esa libertad es "trascendental" –el ser del hombre– es contradictorio, de ahí que, por muy espontánea que se la catalogue, siempre estará determinada a curvarse sobre sí misma, y si lo hace, es sólo para imponerse a la libertad de los demás para "incluirla" en la propia.

"Sostener que la libertad es un trascendental antropológico equivale a declarar incompleta, y aun incorrecta, toda interpretación del hombre que no incluya la libertad. Pero no se trata tanto de comprobar la existencia de la libertad en las manifestaciones múltiple de lo humano, como de señalar que ninguna de esas manifestaciones es posible sin la libertad personal o prescindiendo de ella. Una prueba indirecta la proporciona la capacidad de proyectar propia del hombre. En definitiva, probar la tesis propuesta sobre la libertad equivale a *alcanzar* la libertad, en tanto que de ella depende intrínsecamente la esencia del hombre considerada como *disponer*... La libertad exige la ausencia de valor determinante de cualquier presupuesto; o, dicho de otra manera, es incompatible con el influjo de alguna anticipación... El otorgamiento de la libertad [por Dios, al crear al hombre] no presupone un sujeto, pues en ese caso no podría entenderse creaturalmente"[175]. Es evidente

174. POLO, L. *Antropología trascendental,* OC., XV, 110.
175. POLO, L., *Antropología trascendental,* OC., XV, 261-262, 265.

que la creación *ex nihilo* no admite un sujeto previo al que luego se haga ser. La libertad, pues, no es una propiedad de un sujeto, pero tampoco es "fundamento", sino que depende de Dios.

Es preciso, pues, distinguir la creación del ser como fundamento y la creación del ser personal. "Esto aparece también en Tomás de Aquino. Cuando dice que Dios es la causa eficiente de la criatura es claro que lo está entendiendo en el orden fundamental. Pero cuando dice *creatio est donatio essendi* eso ya no está entendido en el orden fundamental. Amplía la consideración causal. Cuando se regala no se funda, no se causa, se hace más que fundar. Es decir, se da el ser, no se causa o se hace, sino que se da... La visión donal de la creación es más que la artesanal. ¿Qué es más propiamente crear: fundar o dar? Dar; y en cuanto se da, ya estamos en el orden de la coexistencia"[176].

Cualquier otro modo de entender la libertad, la limitaría, o incluso la determinaría, o sea, la aniquilaría. Identificarla con la espontaneidad del instinto sexual, en concreto, la confundiría con lo que en el ser humano —varón y mujer— no es más que una manifestación de su donalidad, pero transformándola en mero instinto.

Por todo lo dicho, una verdadera definición o, mejor, descripción, de la libertad es la siguiente: "*la posesión del futuro sin desfuturizarlo*", lo que quiere decir que "el futuro humano no está prefigurado en el modo de lo inesquivable. La capacidad de abrir el futuro por encima de toda prefiguración, o de mantenerlo como tal, es lo peculiar de la libertad humana. De acuerdo con la libertad trascendental, futuro significa aquello que no viene desde una región lejana o presupuesta en general, ni tampoco deriva de situaciones previas, sino que se equipara a la libertad"[177].

176. POLO, L., *Presente y futuro del hombre*, Rialp, Madrid, 1993, 175.
177. POLO, L., *Antropología trascendental*, OC., 262-263.

Entendida de este modo, la libertad es mucho más radical que todas las propuestas modernas, en las que la libertad tiene por objeto a uno mismo: el superhombre, hacerse a sí mismo, recrearse, abandonar la naturaleza, ser autónomo, etc. En todos estos proyectos la libertad está ya fundada y busca "liberarse", no es una "libertad nativa", capaz, por eso de "destinarse"[178].

Insistiendo más para precisar lo dicho hasta ahora, es conveniente añadir que "la libertad nativa equivale a la intimidad de la co-existencia, es decir, a ser acompañándose... En cambio, la libertad de destinación se convierte con la apertura hacia dentro, es decir, con la posesión del futuro sin *desfuturizarlo*. Por eso, la libertad de destinación se convierte con la búsqueda intelectual, y con la búsqueda amorosa, es decir, con 'la búsqueda de *réplica* o de aceptación animada por la actividad libre"[179]. La persona es libre, pero no única; en el caso del hombre la soledad no se da porque es creado y depende libremente de Dios; sin Dios, la libertad no podría existir, carecería de sentido.

El error fundamental que recorre en pensamiento occidental desde la Ilustración está en la pretensión de ser "dueño de mí mismo", de no depender de nada ni de nadie y, por ello, en "recrearse". Pero "si la esencia es indisponible, el intento, el proyecto de disponer de la esencia, es un vago pero mal formulado intento de *autoserse*, o de *autorrealización*, o de *encontrarse*. Tomar la propia esencia como aquello que permitiría al hombre la identidad, es lo que suele entenderse por autorrealizarse. Pues bien, el hombre no tiene necesidad de autorrealizarse; es más, no tiene sentido para él, es un intento profundamente equivocado, porque la esencia es un disponer pero no es disponible. No puedo tomar mi esencia

---

178. POLO, L. *Presente y futuro del hombre*,174-175.
179. PIÁ TARAZONA, S., *La libertad trascendental como dependencia*, en "Studia Poliana", n. 1 (1999), 94.

para, a efectos de, en orden a, buscar mi identidad: decir eso es una monstruosidad, porque no soy identidad, soy además"[180].

La persona humana no tiene fin sino destino; si el fin último del hombre no es "natural" sino que le trasciende, nunca lo alcanzará, sino que, si acepta su destino, éste le será accesible, no como un destino final, como un tope, sino como un "don" que nunca podrá poseer plenamente, pero al que siempre se dirigirá, sin que por ello sienta frustración alguna, precisamente por ser un don. "El co-existir conduce a Dios, pues en otro caso el co-existir quedaría definitivamente aislado, con lo que la persona caería en la pura tragedia… Al asomarse al misterio, la antropología descubre que la carencia de réplica de la persona creada significa que su intimidad no es ninguna 'otra' persona. Según esto, la crítica dialéctica a la divinidad es inane: Dios no es aquello que el hombre no se atreve a pensar como sí mismo, sino que se distingue de él como trascendencia. No existe ningún término de la actividad humana con carácter de persona; la co-existencia carece de término"[181].

Carecer de término no significa inutilidad, desesperación; significa que dicha actividad, por sí misma, no logra culminar; la culminación ha de serle "donada", según lo que acaba de decirse: "desde que nace, el amar personal es el aceptar que se destina a ser aceptado por el Aceptar divino. La co-existencia sin réplica es, ella, réplica dependiente de la aceptación inabarcable"[182]. La persona humana, como ser donal, requiere ser aceptada, y la aceptación es, asimismo, un nuevo don, mayor que el don inicial, es decir, que la misma co-existencia. La persona, da la impresión, nunca llega a la plenitud o, si llega, es porque le ha sido donada. Esto no implica

180. POLO, L., *Persona y libertad*, O.C., XIX, Eunsa, Pamplona, 2017, 134.

181. POLO, L., *El descubrimiento de Dios desde el hombre*, en "Studia Poliana", n. 1 (1999), 21 y 23-24.

182. POLO, L., *El descubrimiento de Dios desde el hombre*, 24.

ninguna incoherencia, no es un modo de existir que acabe en la desesperanza o, peor, en el nihilismo; al contrario, el no culminar por sí misma indica que el ser personal –abierto siempre al futuro– "*no es, sino que será.* La carencia de réplica de la co-existencia justifica dicha descripción. Para precisar que la carencia de réplica no anula la co-existencia se apela a la libertad"[183].

Concluyendo: "la libertad... es un trascendental personal, sólo posible si Dios existe"[184].

183. POLO, L., *Antropología trascendental,* 267.
184. POLO, L., *El descubrimiento de Dios desde el hombre,* 23.

Conclusión

A lo largo de la historia de la filosofía la libertad ha sido un tema siempre presente, y es natural que sea así, porque si el hombre no fuera libre ni siquiera existiría la filosofía, como no existe entre los animales. El hombre es un problema para sí mismo porque no se conoce ni puede conocerse; la reflexión es imposible porque el inicio y el final serían distintos. Autorrealizarse, ser autónomo, encontrarse a sí mismo, etc., son metas que carecen de sentido.

Por otra parte, la libertad no puede estar fundada; no sólo carece de fundamento, sino que ella misma no es fundamento, salvo analógicamente, de las obras realizadas mediante la naturaleza humana. Por tanto, la libertad es un misterio y, al mismo tiempo, es innegable. La libertad carece de "sujeto"; por eso, el hombre no es una sustancia, un ser subsistente, independiente, separado, aislado de los demás seres.

La libertad, por consiguiente, requiere que la persona humana sólo dependa de Dios, porque esa dependencia no es causal sino donal; Dios, al crear, no "causa" nada, ya que la causa siempre actúa sobre algo previo y además acaba en la producción de un "efecto". Como don gratuito es un don amoroso, una pre-dilección, lo que hace del ser creado como libertad, un co-existente destinado a aceptar y corresponder al don recibido; si no pudiera aceptar, tampoco podría dar, y si no da, su existencia estaría encerrada en sí misma. El hombre, entonces, no sería persona.

Todo esto, a la mentalidad moderna surgida en la Ilustración, puede sonar a pura ficción; pero el hecho es que el pensamiento moderno no sólo no ha logrado una comprensión de la libertad mejor que la de los clásicos y medievales, sino todo lo contrario. Y, además, al ser incapaz de pensar la interrelación entre las personas, sólo ha podido crear ideologías que, o caen en el subjetivismo, o, por el contrario, en el colectivismo; en ambos casos la persona se difumina y desaparece. Nunca en la historia de habían formulado doctrinas tan totalitarias como en la modernidad, nunca los hombres se han considerado enemigos como en las teorías políticas modernas, porque "si el hombre por sí solo, sin Dios, puede decidir lo que es bueno y lo que es malo, también puede disponer que un determinado grupo de seres humanos sea aniquilado"[185].

"El don que tiene por hontanar la iniciativa creadora es la fase premoviente de la libertad trascendental, es decir, la actividad interior del acto de aceptar que busca la libertad divina. Éste es el camino, el método, que sube, la inagotable explosión que he llamado carácter de *además*, la pura trasparencia lanzada hacia la trascendente intimidad de la máxima amplitud... En la libertad trascendental se distinguen cuatro fases, de las cuales las tres últimas son temáticas. La primera, pre-temática en esta vida, es el don creado premoviente; la segunda, el valor dispositivo de los actos; describo la tercera como no pasar del dar: es la generosidad de la persona; y la cuarta como el no contentarse con el disponer [de la esencia]: es la metalógica transparencial de la búsqueda del tema trascendente"[186].

185. SAN JUAN PABLO II, *Memoria e identidad*, 24.
186. POLO, L., *Antropología trascendental*, O.C., 521-522 y 525.

El Nuevo Orden Mundial es un paso más, quizás el último, en la dirección marcada por la Ilustración: el hombre desaparece, se autoaniquila, bajo la ilusión de un nuevo ser, creado por él mismo a su imagen y semejanza, que rompe definitivamente con todo lo anterior. Si llegara a culminar –cosa imposible– daría lugar al totalitarismo absoluto, a la abolición del hombre; pero esto es imposible: suicidarse no da lugar a algo nuevo sino a la pérdida de la vida. El ser humano, por consiguiente, no necesita, en absoluto, manipular su ser y su esencia para llegar más allá de sí mismo; al ser la libertad la no desfuturización del futuro, ya está abierto a ser mucho más de lo que es. Si se intenta determinarlo, hacerlo de otro modo, se le limitaría, se le detendría en una meta que sería inhumana, porque la persona humana no puede "culminar" por sí misma sino que está abierta a la trascendencia.

Por una parte, la propuesta del Nuevo Orden Mundial no es nada nuevo; por otra, sí, ya que pretende ser la "solución final", o sea, una locura mayor que las que ya se han dado desde la Revolución francesa. Con el Nuevo Orden Mundial el hombre desaparecería de la tierra; sus dirigentes mandarían sobre máquinas o esclavos, justo lo contrario de lo que Aristóteles entendía por política: gobierno sobre hombres libres.

Su presupuesto es que "como consecuencia de la moderna técnica científica, el alcance de las consecuencias de la acción humana ha llegado a ser tan grande que la distinción tradicional entre fin de la acción y efectos secundarios empieza a perder terreno... La naturaleza no es ya el marco invariable dentro del que ocurre la acción humana y que absorbe y neutraliza a largo plazo sus consecuencias... Parece que las acciones humanas se definieran, en primer lugar y de modo esencial, por las consecuencias, no por los fines subjetivos". Así, todos y cada uno somos responsables, en cada acción que realizamos, del hambre en el mundo, de los desastres ecológicos, de la superpoblación del planeta, de la contaminación ambiental, etc. Pero "lo desconcertante se halla en que esto ocurre únicamente cuando consideramos las consecuencias acumuladas de la acción, pues sólo la acumulación conduce por lo general a esas consecuencias. Por ser ello así, parece desvanecerse la acción individual y su propio peso".

La primera consecuencia grave de considerar de este modo la "globalización" es que "las formas más personales de conducir la vida –el amor, los hijos, el trabajo, la religión y el trato con la muerte– se convierten no sólo en objetos de investigaciones estadísticas, sino de interpretaciones sociológicas funcional-sistémicas, de las que el agente mismo se desprende tan pronto como se pone al corriente de ellas". Una prueba de esto es el slogan tan manoseado por el feminismo, según el cual "lo privado es público, político". Nadie es ya responsable de sus actos ante su conciencia, sino ante el "sistema", hasta el punto de que "parece haber únicamente sistemas sin sujetos, en los que el hombre aparece respectivamente bajo diversos aspectos, mas sin la posibilidad de poderse referir jamás a la 'realidad'".

La deshumanización de la persona es progresiva porque "el individuo tiene que resignarse, por ejemplo, a que los contenidos de la vida se le presenten únicamente en la forma de satisfacción de necesidades. Quien toma algo realmente en serio y no acepta esta inversión de la intencionalidad se sale del sistema: es infantil, inadaptado o fanático. Mirada desde esa perspectiva, parece tornarse obsoleta la misma incondicionalidad de la moral".

Curiosamente, a la vez, "al agente se le imputa la total responsabilidad de la realidad en su conjunto. Mas al propio tiempo, le resulta evidente que no puede cargar con ella… De ese modo, su obrar parece degradarse a la condición de un acontecimiento natural entre otros… El agente individual no puede, desde luego, injerirse directamente en la estructura sistémica que autoriza de suyo al obrar, para transformarla de acuerdo con un punto de vista de responsabilidad personal. Mas sí puede cooperar con los demás al respecto, para hacer que una estructura semejante se transforme en un hecho de significación política". La conciencia moral es sustituida por la acción política y, en concreto, por el consecuencialismo, el utilitarismo.

No debe olvidarse, con todo, que "el mejor modo de caracterizar el pensamiento totalitario consiste en poner de manifiesto su modo de definir las acciones. La definición de las acciones por parte del pensamiento totalitario se hace sin tener en cuenta la intención del agente, sino sólo la función que tiene en un sistema marco determinado... No hay más que un único sentido, el cual coincide con un determinado marco sistemático o con una precisa interpretación de la historia". El totalitarismo prescinde de la persona, también cuando intenta actuar como ciudadana. Para el totalitarismo no hay distinción entre una persona y otra: todas son pequeños mecanismos del sistema que deben actuar según la función que se les asigna. No sólo no puede haber conciencia moral, objeción de conciencia, situaciones personales excepcionales, etc. La uniformidad tiene que ser absoluta.

¿Cómo "desmontar" semejante monstruo, peor que el dios máquina de Hobbes? "Santo Tomás de Aquino parte significativamente de que es Dios mismo 'el que quiere lo que nosotros debemos querer' y el que nos descarga de la responsabilidad total del curso de las cosas, pues Él se ocupa del *bonum universi* como tal... Sin el fundamento referido, la moralidad humana tendría que derrumbarse... De hecho, una incondicionalidad semejante, que trasciende toda referencia sistémica, no es únicamente la consecuencia de una decisión religiosa o metafísica tomada de antemano... Kant sigue teniendo razón sobre el particular: frente al ataque de la teoría de sistemas, el concepto de acción sólo se puede salvar apelando a la idea de lo incondicionado"[187].

---

187. SPAEMANN, R., *Felicidad y benevolencia*, Rialp, Madrid, 1991, 219-231. Todo el capítulo está dedicado al estudio de este asunto.

Sobre la manipulación del cuerpo humano, tratándolo como si se tratara de una posesión, declaró hace años el entonces Cardenal Ratzinger: "Ahora presenciamos cómo los seres humanos empiezan a disponer del código genético, a servirse realmente del árbol de la vida y a convertirse a sí mismos en dueños de la vida y de la muerte, a montar la vida de nuevo; desde luego es necesario prevenir de verdad al ser humano sobre lo que está ocurriendo: está traspasando la última frontera.

"Con esta manipulación, un ser humano convierte a otro en su criatura. Entonces el ser humano ya no surge del misterio del amor, mediante el proceso en definitiva misterioso de la generación y del nacimiento, sino como un producto industrial hecho por otros seres humanos. Con ello queda degradado y privado del verdadero esplendor de su creación.

"Ignoramos lo que sucederá en el futuro en este ámbito, pero de una cosa estamos convencidos: Dios se opondrá al último desafuero, a la última autodestrucción impía de la persona. Se opondrá a la cría de esclavos, que denigra al ser humano. Existen fronteras últimas que no debemos traspasar sin convertirnos personalmente en destructores de la creación, superando de ese modo con creces el pecado original y sus consecuencias negativas"[188]. El cuerpo humano no es como una moto, que puede "tunearse" a gusto de cada uno, sino que forma parte de la naturaleza humana: no lo tengo, sino que también lo soy.

Una vez más hay que concluir que la libertad es la demostración antropológica de la existencia de Dios. Si se niega a Dios, se niega también la libertad.

---

188. RATZINGUER, J., *Dios y el mundo*, Galaxia Gutenberg. Círculo de lectores, Madrid, 2000, 126.